독자의 1초를
아껴주는 정성을
만나보세요!

세상이 아무리 바쁘게 돌아가더라도 책까지 아무렇게나 빨리 만들 수는 없습니다.
인스턴트 식품 같은 책보다 오래 익힌 술이나 장맛이 밴 책을 만들고 싶습니다.
땀 흘리며 일하는 당신을 위해 한 권 한 권 마음을 다해 만들겠습니다.
마지막 페이지에서 만날 새로운 당신을 위해 더 나은 길을 준비하겠습니다.

クラウド時代のネットワーク入門

(Cloud Zidai no Network Nyumon : 6603-2)
© 2021 Toshiya Okita
Original Japanese edition published by SHOEISHA Co.,Ltd.
Korean translation rights arranged with SHOEISHA Co.,Ltd. through Botong Agency.
Korean translation copyright © 2022 by Gilbut Publishing INC.

이 책의 한국어판 저작권은 보통 에이전시를 통한 저작권자와의 독점 계약으로 ㈜도서출판 길벗이 소유합니다.
신 저작권법에 의하여 한국 내에서 보호를 받는 저작물이므로 무단전재와 무단복제를 금합니다.

한 권으로 끝내는 네트워크 기초
Network Basics for beginners

초판 발행 · 2022년 5월 31일
초판 2쇄 발행 · 2024년 1월 1일

지은이 · 오키타 토시야
옮긴이 · 김성훈
발행인 · 이종원
발행처 · (주)도서출판 길벗
출판사 등록일 · 1990년 12월 24일
주소 · 서울시 마포구 월드컵로 10길 56(서교동)
대표 전화 · 02)332-0931 | **팩스** · 02)323-0586
홈페이지 · www.gilbut.co.kr | **이메일** · gilbut@gilbut.co.kr

기획 및 책임편집 · 정지은(je7304@gilbut.co.kr) | **디자인** · 박상희 | **제작** · 이준호, 손일순, 이진혁
마케팅 · 임태호, 전선하, 차명환, 박민영, 지운집, 박성용 | **영업관리** · 김명자 | **독자지원** · 윤정아

교정교열 · 김윤지 | **전산편집** · 박진희 | **출력·인쇄** · 금강인쇄 | **제본** · 금강제본

▶ 잘못 만든 책은 구입한 서점에서 바꿔 드립니다.
▶ 이 책은 저작권법에 따라 보호받는 저작물이므로 무단전재와 무단복제를 금합니다.
   이 책의 전부 또는 일부를 이용하려면 반드시 사전에 저작권자와 (주)도서출판 길벗의 서면 동의를 받아야 합니다.

ISBN 979-11-6521-989-3 93000
(길벗 도서번호 080304)

정가 18,800원

독자의 1초를 아껴주는 정성 길벗출판사

길벗 | IT단행본, IT교육서, 교양&실용서, 경제경영서
길벗스쿨 | 어린이학습, 어린이어학

페이스북 · www.facebook.com/gbitbook

클라우드 시대의 네트워크 입문서

한 권으로 끝내는 네트워크 기초

오키타 토시야 지음
김성훈 옮김

머리말

BASIC OF NETWORK

네트워크란 무엇일까요? 네트워크라는 말 자체는 '그물처럼 얽혀 있는 망'이라는 의미로 인맥이나 배관 등 여러 분야에서 쓰입니다. 이 책에서 주제로 삼은 네트워크는 컴퓨터와 컴퓨터가 연결되어 데이터를 주고받는 시스템, 다시 말해 컴퓨터 네트워크를 의미합니다.

요즘에는 주변에 있는 컴퓨터나 휴대 전화를 네트워크에 연결하는 것이 당연해서 예전처럼 '연결되어 있다'는 사실을 그다지 의식하지 않게 되었습니다. 하지만 컴퓨터를 이용하여 여러 가지 일을 편리하게 할 수 있는 것은 네트워크 덕분이라고 할 수 있습니다. 이 책에서는 그 '숨은 공로자'인 네트워크 원리를 설명합니다.

세상은 점점 클라우드를 전제로 하는 사회로 바뀌어 가고 있습니다. 클라우드는 네트워크 너머에 있고, 클라우드 안에도 또 네트워크가 있습니다. 이 책에서는 네트워크에 관한 새로운 정보와 함께 현재에도 보편적이고 변함없는 지식을 폭넓게 소개합니다.

오늘날 세상 사람 대부분은 어떤 형태로든 네트워크를 이용합니다. 이 책으로 네트워크 원리에 조금이라도 흥미를 갖게 되고, '아, 이렇게 되어 있었구나!'라고 이해할 수 있었으면 좋겠습니다.

옮긴이의 말

BASIC OF NETWORK

컴퓨터는 물론이고 우리 생활 속에 빠르게 보급되어 정착된 스마트폰, 감시 카메라, 다양한 IoT 기기와 각종 스마트 센서가 유선이나 무선 네트워크로 밀접하게 연결되어 있습니다. 이메일로 서로 소식을 주고받고, 인터넷에 접속해서 뉴스를 접하고 영화를 보고 쇼핑을 하고 공부를 하는 모습은 이제 자연스러운 일상이 되었지요.

이처럼 우리 일상과 산업 전반이 인터넷을 중심으로 전환되면서 네트워크의 규모는 방대해지고 그 중요성도 점점 더 커지고 있습니다. 더욱이 몇 년에 걸친 팬데믹은 이런 상황을 더욱 가속하고 있습니다. 이제 네트워크는 현대 사회에서 빼놓을 수 없는 인프라 중 하나가 되었습니다. 네트워크로 다양한 기기를 서로 연결하려면 여러 가지 기술이 필요합니다.

이 책에서는 네트워크의 정의부터 시작하여 점점 범위를 넓혀 가며 네트워크를 이해하는 데 필요한 주요 기술을 소개하고 있습니다. 통신하기 위한 약속인 TCP/IP, UDP 등의 프로토콜에서 OSI 참조 모델, 웹 구현에 필요한 HTTP나 DNS 기술, 그리고 네트워크 설계와 운용, 보안, 클라우드 서비스까지 네트워크 입문서에 걸맞게 그림을 적절히 활용하여 친절하고 이해하기 쉽게 설명합니다.

이 책은 과거부터 네트워크를 지탱해 온 주요 기술뿐만 아니라 클라우드처럼 새롭게 생겨난 기술도 함께 소개하는 등 전반적인 네트워크 지식을 한 권에 담기 위해 노력했습니다. 최근에는 클라우드를 바탕으로 제공되는 서비스가 늘어나고 있는데, 저자의 말처럼 클라우드 안에서도 네트워크가 또 있으므로 클라우드 시대에도 여전히 네트워크의 기본 기술을 이해하는 것은 꽤 의미 있을 것입니다.

BASIC OF NETWORK

늘 역자 서문을 쓰며 책을 마무리할 즈음이면 계절이 바뀌려고 하네요. 더운 날이 부쩍 늘어나고 있습니다. 마지막으로 번역을 맡겨 주신 길벗출판사와 번역 원고를 꼼꼼히 확인하시고 멋진 책으로 만들어 내느라 오랜 시간 고생하신 편집자님께 깊이 감사드립니다. 이 책이 독자 여러분이 가진 네트워크에 관한 궁금증을 해소하는 데 도움이 될 수 있다면 기쁘겠습니다.

2022년 봄

김성훈

베타후기

BASIC OF NETWORK

이전과 달리 클라우드 서비스를 이용한 개발이 많아지면서 네트워크에 대한 이해가 꼭 필요한 시대가 되었습니다. 네트워크를 통해 어떻게 전달되는지 이해한 사람의 코딩과 그렇지 않은 사람의 코딩에도 차이가 있습니다. 그리고 이제는 코딩이 아닌 클라우드를 사용하는 방법도 있습니다. 이 책으로 쉽고 재미있게 네트워크를 이해할 수 있으며, 네트워크 엔지니어뿐만 아니라 웹과 관련된 업무를 하는 분들에게도 꼭 추천하고 싶습니다.

김동우_백엔드 개발자

사실 인프라 개발자가 아닌 이상 네트워크를 잘 알기는 쉽지 않습니다. 하지만 개발자 2년 차만 되어도 네트워크가 궁금해집니다. 그때 이 책이 좋은 교과서가 될 것 같습니다. 특히 백엔드 시스템을 조금이라도 경험한 주니어 개발자와 백엔드 시스템과 통신하는 앱을 만드는 프런트엔드 개발자에게 이 책을 추천합니다. 이 책으로 무심코 사용했던 네트워크의 개념을 다시 되짚어 보며, 당연하게 사용한 코드나 기술들이 그냥 만들어진 것이 아님을 알 수 있었습니다. 그러면서 네트워크와 시스템을 바라보는 시야가 확 넓어지는 것을 느꼈습니다. 마지막으로 이 책은 개발 경험은 있지만 인프라 또는 네트워크와 거리가 멀었던 개발자에게 큰 인사이트를 줄 것입니다.

송종국_안드로이드 개발자

생활 속 네트워크부터 엔터프라이즈급의 네트워크까지 네트워킹의 개념뿐만 아니라 여러 가지 예시로 설명하고 있어 인상 깊었습니다. 특히 칼럼에는 흥미 있는 주제의 글들이 삽입되어 있어 독특한 지식을 얻을 수 있었고, 실습하면서 네트워크를 재미있게 익힐 수도 있습니다.
사실 네트워크 인프라는 알고는 싶지만 파고들수록 너무나 깊어서 어디까지 공부해야 할까 하는 막막함이 밀려오는, 가깝고도 먼 사이 같다는 생각을 자주 했습니다. 이 책은 이런 개발자들에게 네트워크의 기본 개념을 쌓아 주고, 심화 부분에 대한 가이드라인을 제공하는 나침반과 같은 책이라고 생각합니다.

이민현_지마켓글로벌

BASIC OF NETWORK

네트워크의 A부터 Z까지 넓게 살펴볼 수 있는 책입니다. 네트워크는 항상 사용하고 있지만, 눈에 보이거나 직접 조작할 일이 거의 없기에 처음 공부를 시작하는 사람은 이해하기가 조금 어렵습니다. 이 책은 그림과 함께 기초부터 차근차근 설명하고 있어 입문자가 네트워크를 천천히 이해할 수 있도록 도와줍니다. 심지어 네트워크 지식이 없는 분들이 보아도 되지 않을까라고 생각할 정도입니다. 그 정도로 쉽고 알차게 구성되어 있습니다. 네트워크는 모든 통신의 시작입니다. 따라서 IT나 정보 통신 관련 분야를 시작하는 모든 분에게 이 책을 추천합니다.

전은영_안랩

정말 쉽게 읽을 수 있는 전문서입니다. 전문적으로 공부한 적이 없거나 개념이 흐리고 모호했던 분들에게 특히 추천합니다. IT 업계에 있거나 그렇지 않더라도 흔히들 접하는 용어(와이파이, 랜, IP 등)가 궁금하다면 한 번쯤 읽어 보는 것도 좋을 법합니다. 아주 쉬운, 우리가 접해 보았던 경험을 통해 전문 지식을 설명합니다. 이렇게 경험한 바를 예시로 들어서 이해하기가 더 수월했고, 거기에 확장된 예시를 통해 개념을 설명합니다. '쉬운 경험 → 개념 이해 → 전문 지식'으로 이어지는 각 장의 흐름이 매력적입니다. 네트워크의 개념을 잡고 전문 지식을 쌓고 싶은 입문자에게 적합한 좋은 책입니다.

문주영_SaaS형 소프트웨어 개발 스타트업

목차   BASIC OF NETWORK

1부 네트워크의 기본 ····· 014

1장 네트워크의 전체적인 모습과 종류 ····· 015

1.1 네트워크란 무엇인가? 016
- 1.1.1 컴퓨터를 네트워크에 연결하는 의미 016
- 1.1.2 현대 네트워크 018
- 1.1.3 LAN과 WAN 020
- 1.1.4 네트워크 구성 요소 023

1.2 네트워크와 인터넷 026
- 1.2.1 인터네트워킹 026
- 1.2.2 네트워크와 인터넷의 관계 027
- 1.2.3 인터넷과 왠의 차이 030
- 1.2.4 프로토콜 031

2장 네트워크를 실현하는 기술 ····· 033

2.1 TCP/IP의 기본 034
- 2.1.1 TCP/IP 034
- 2.1.2 OSI 참조 모델 035
- 2.1.3 주소 037
- 2.1.4 패킷 041

2.2 IP 주소 구조 042
- 2.2.1 IP 주소 분석 043
- 2.2.2 IP 주소의 할당과 관리 047
- 2.2.3 데이터가 바르게 전송되는 메커니즘 052

2.3 네트워크 프로토콜 057
- 2.3.1 네트워크 계층 057
- 2.3.2 TCP와 UDP 059
- 2.3.3 ICMP 062
- 2.3.4 NAT 064

2.3.5 프라이빗 IP 주소에 사용할 수 있는 IP 주소　067
2.3.6 CIDR　067
2.3.7 정적 라우팅과 동적 라우팅　069

3장　웹을 구현하는 기술 ····· 071

3.1 웹을 구성하는 구조　072
　　3.1.1 웹과 네트워크　072
　　3.1.2 클라이언트와 서버　073
　　3.1.3 웹 서버　074
　　3.1.4 HTTP와 HTTPS　075
　　3.1.5 SSL 인증서　075
　　3.1.6 URL과 DNS　079
3.2 도메인　084
　　3.2.1 도메인 관리 기관　084
　　3.2.2 도메인 종류　086
　　3.2.3 DNS 전환　087
3.3 HTTP와 웹 기술　089
　　3.3.1 HTTP　089
　　3.3.2 쿠키와 세션　092
　　3.3.3 인증　093
　　3.3.4 새로운 기술: HTTP/2, Ajax, Web API　095

4장　네트워크 장비의 종류 ····· 099

4.1 연결을 위한 네트워크 장비　100
　　4.1.1 라우터　100
　　4.1.2 스위치　101
4.2 방어를 위한 네트워크 기기　102

4.2.1 방화벽과 UTM 102
4.2.2 WAF 103
4.2.3 IDS/IPS 104
4.2.4 각각의 관계성 106
4.3 소프트웨어로 조작하는 네트워크 106
4.3.1 SDN 106
4.3.2 SD-WAN 109

5장 인터넷 서비스의 기반 ····· 111

5.1 클라우드와 네트워크의 관계 112
5.1.1 클라우드와 네트워크 112
5.1.2 클라우드의 종류 113
5.1.3 클라우드의 편리성 115
5.2 클라우드 서비스와 호스팅 하우징 116
5.2.1 대표적인 클라우드 서비스 116
5.2.2 호스팅, 하우징 118
5.3 네트워크와 애플리케이션 120
5.3.1 일반적인 웹 DB 시스템 120
5.3.2 구성하는 소프트웨어 121

2부 네트워크의 응용 ····· 126

6장 네트워크 설계와 구축 ····· 127

6.1 네트워크를 설계·구축할 때 할 일 128
6.1.1 시스템 개발과 네트워크 설계·구축의 관계 128
6.1.2 네트워크 설계와 구축(물리 인프라 편) 131
6.1.3 네트워크 설계와 구축(클라우드 서비스 편) 138

6.2 웹 신뢰성을 높이는 기술　**142**
　　6.2.1 웹 신뢰성이란?　142
　　6.2.2 대칭 키 암호 방식과 공개 키 암호 방식　143
　　6.2.3 상시 SSL화　147
　　6.2.4 부하 분산　148
　　6.2.5 리버스 프록시　151
　　6.2.6 CDN　152

7장　네트워크 운영과 보안 ····· 157

7.1 네트워크 운용　**158**
　　7.1.1 네트워크를 운용할 때 할 일　158
　　7.1.2 설정 변경 작업　159
　　7.1.3 트러블슈팅　162
7.2 보안 대책의 기초 지식　**164**
　　7.2.1 정보 보안 3요소　164
　　7.2.2 정보 보안 위협과 공격 기법　165
7.3 네트워크 보안 대책　**168**
　　7.3.1 네트워크 기기와 서비스를 이용한 방어　168
　　7.3.2 로그 분석　176
　　7.3.3 랜을 지키는 법　177
　　7.3.4 컴퓨터 보안을 유지하는 법　178
7.4 네트워크 모니터링 패턴　**181**
　　7.4.1 네트워크와 서버의 모니터링 패턴　181
　　7.4.2 모니터링 소프트웨어　183

BASIC OF NETWORK

8장 네트워크의 패턴 ····· 187

8.1 가정 네트워크의 패턴 188
8.1.1 가정 네트워크 188
8.1.2 인터넷에 연결하자 190

8.2 회사 네트워크의 패턴 191
8.2.1 회사 내 네트워크 191
8.2.2 회사 지점 사이를 연결하는 네트워크 193
8.2.3 액세스 회선의 종류 196

8.3 인터넷 VPN 200
8.3.1 인터넷 VPN의 특징 200
8.3.2 VPN 방식 201
8.3.3 인터넷 VPN을 이용한 거점 간 연결과 원격 접속 202
8.3.4 제로 트러스트 네트워크 208

8.4 웹 서비스 네트워크의 패턴 209
8.4.1 클라우드인가? 물리인가? 209
8.4.2 클라우드의 네트워크 210
8.4.3 웹 서비스의 네트워크 구성 210

8.5 인터넷의 상호 접속 패턴 212
8.5.1 인터넷의 상호 접속 212
8.5.2 피어링 213
8.5.3 트랜짓 215

8.6 네트워크 이중화 216
8.6.1 본딩/티밍 216
8.6.2 멀티호밍 217
8.6.3 스패닝 트리 프로토콜 218
8.6.4 VRRP 219

8.7 인터넷 회선 고속화 222
8.7.1 IPoE 222
8.7.2 IPv4 over IPv6 224

찾아보기 227

제 1 부

네트워크의 기본

1장

네트워크의 전체적인 모습과 종류

1.1 네트워크란 무엇인가?

1.2 네트워크와 인터넷

1.1 네트워크란 무엇인가?

1.1.1 컴퓨터를 네트워크에 연결하는 의미

네트워크(이 책에서는 컴퓨터 네트워크를 지칭)란 컴퓨터끼리 연결해서 데이터를 교환하는 시스템입니다. 도대체 왜 컴퓨터를 네트워크에 연결할까요? 그 답을 찾기 전에 잠시 옛날 이야기를 먼저 하겠습니다.

컴퓨터 네트워크의 역사는 오래되어, 1960년대로 거슬러 올라갑니다. 그 이전에는 우편 등 물리적인 수단을 이용하여 사람이 정보가 담긴 자기 테이프를 컴퓨터가 있는 장소까지 운반했습니다. 그리고 자기 테이프를 담당자가 컴퓨터로 처리한 후(오프라인 배치 처리, 그림 1-1 위) 처리 결과를 또 같은 수단을 이용해서 넘겨주었습니다.

1960년대가 되자 다수의 이용자가 원격지에 있는 단말기로 통신 회선을 이용해서 컴퓨터를 공동으로 사용할 수 있게 되었습니다. 즉, 컴퓨터끼리 네트워크로 연결된 것입니다. 이를 **온라인 시스템**(그림 1-1 아래)이라고 합니다.

현재처럼 인터넷과 연결하는 기초 연구가 시작된 것은 1960년대였습니다. 한 지점이나 경로에 의존하지 않는 분산형 네트워크, 통신 효율화 등 현재에도 활용되는 아이디어를 이 무렵에 제안했고, 1969년에는 인터넷 전신인 네트워크를 운용하기 시작했습니다.

▼ 그림 1-1 오프라인 배치 처리와 온라인 시스템

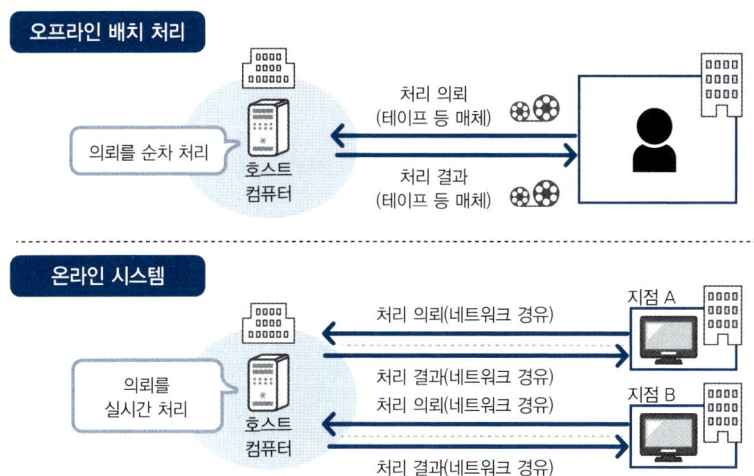

또 현재 웹으로 이어지는 WWW(World Wide Web)은 1989년에 유럽 입자물리연구소(CERN)의 팀 버너스리가 정보 공유 수단으로 고안했습니다. 이처럼 WWW은 원래 인터넷과는 전혀 다른 곳에서 생겨났지만, 인터넷과 결합되면서 정보 공유 수단으로 빠르게 확산되었습니다. 그 후 몇 차례 개선되어 오늘에 이르렀습니다.

과학 기술 계산 등을 처리하는 슈퍼 컴퓨터도 네트워크 없이는 사용할 수 없습니다. 빠른 컴퓨터 한 대가 아니라 컴퓨터 여러 대를 고속 네트워크로 연결하여 서로 협력함으로써 비로소 세계에서도 손꼽히는 성능을 발휘할 수 있게 되는 것입니다.

이처럼 컴퓨터는 단독으로도 사용할 수 있지만, 컴퓨터와 컴퓨터를 네트워크로 연결하면 더욱 다양하고 새로운 가치를 만들어 낼 수 있습니다.

1.1.2 현대 네트워크

다음으로 네트워크를 이해하기 위해 전체 모습을 조감하고 나서 세세한 부분을 살펴보겠습니다.

우선 전체적으로 인터넷이라는 글로벌 규모의 네트워크가 있고, 거기에 개별적으로 작은 네트워크가 연결되는 이미지입니다(그림 1-2). 인터넷에 연결되는 네트워크는 가정 네트워크처럼 소규모부터 기업 네트워크, 클라우드 사업자 네트워크까지 다양합니다.

❤ 그림 1-2 네트워크의 전체 그림

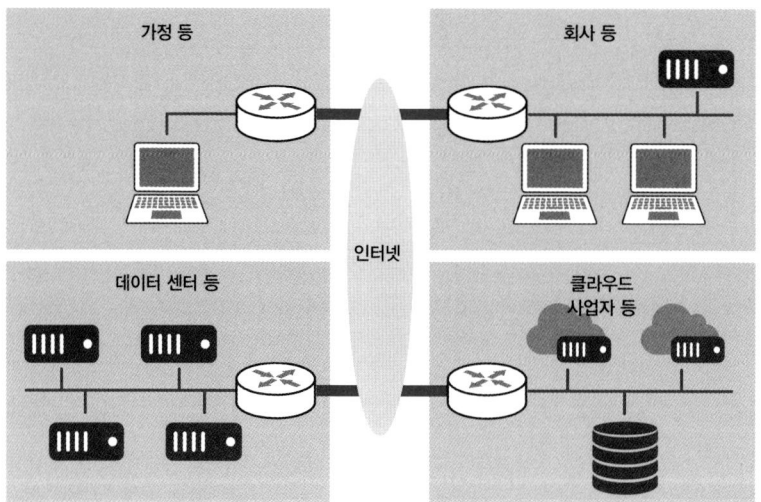

가정용 네트워크는 광 회선이나 CATV(케이블 TV) 같은 **접속 회선**을 이용하여 나중에 설명하는 ISP를 통해 인터넷에 접속합니다. 가정에서는 컴퓨터나 프린터 등이 네트워크에 연결되며 컴퓨터 여러 대가 프린터를 공유하기도 합니다(그림 1-3).

▼ 그림 1-3 가정용 네트워크와 인터넷 접속

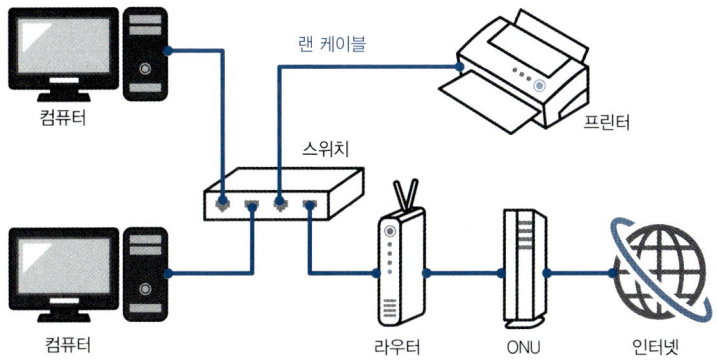

기업용 네트워크는 좀 더 규모가 커집니다. 컴퓨터 대수가 많아지는 것은 물론이고, 때에 따라서는 복수의 **거점 간 통신**이 추가됩니다. 다음 그림처럼 지점 A와 지점 B라는 회사 내 사업소끼리 네트워크로 연결하고, 서로 통신할 수 있습니다(그림 1-4). 또 사내에 서버가 있을 때는 사내 컴퓨터에서 서버로 접속할수 있게 설정하지만, 서버를 사외 데이터 센터에 두거나 클라우드 서버를 이용하는 예도 있습니다. 이 경우 데이터 센터와 회사의 각 거점을 연결하거나 클라우드 서버를 둔 클라우드와 연결해야 합니다.

▼ 그림 1-4 기업용 네트워크와 인터넷 접속

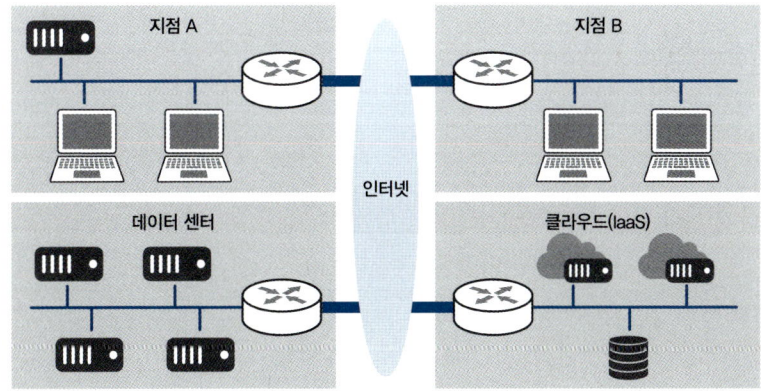

1.1.3 LAN과 WAN

컴퓨터 네트워크는 그 범위에 따라 랜(LAN, Local Area Network)과 왠(WAN, Wide Area Network) 두 가지로 크게 나뉩니다(그림 1-5). 랜은 가정이나 사무실 등 하나의 거점 내부를 연결하는 네트워크를 의미합니다. 반면 왠은 거점과 거점을 연결하는 네트워크를 가리킵니다. '거점 내부'를 연결하는 것은 랜이고, '거점과 거점' 또는 '거점과 인터넷'을 연결하는 것은 왠이라고 할 수 있습니다.

❤ 그림 1-5 랜과 왠

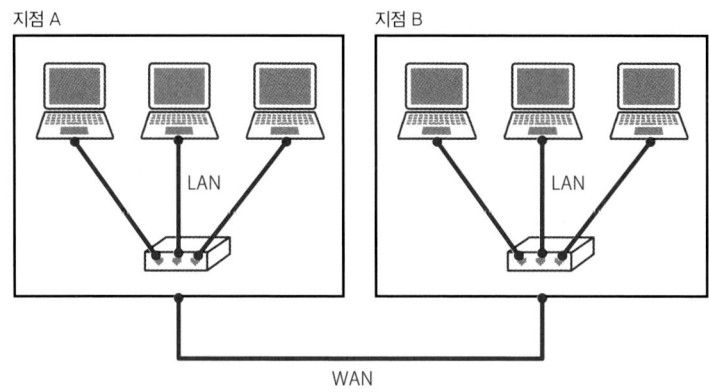

예를 들어 앞서 제시한 그림 1-3은 랜을 나타냅니다. 그리고 기업용 네트워크의 본점과 지점을 연결하는 부분 등은 상상하기 쉬운 왠의 예 중 하나입니다.

단지 랜과 왠이라는 말로 나누면 상당히 다른 네트워크처럼 생각되지만, 각각 용도가 다를 뿐 컴퓨터끼리 통신하게 하는 역할임에는 변함이 없습니다. 각각의 역할을 잘 이해해 둡시다.

랜 특징

랜에는 두 가지 접속 방법이 있습니다. LAN 케이블로 접속하는 **유선 랜**(그림 1-6)과 전파로 접속하는 **무선 랜**(그림 1-7)이 그것입니다.

▼ 그림 1-6 유선 랜

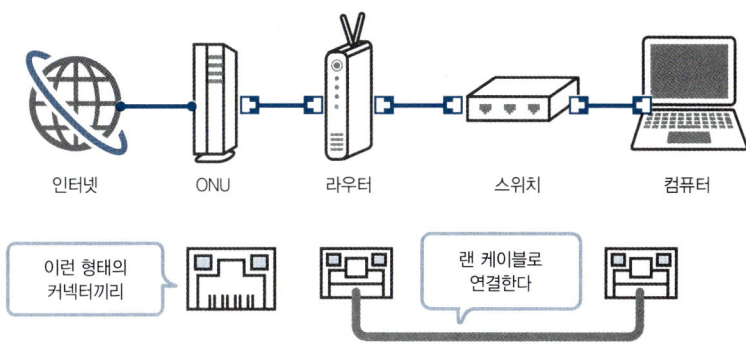

▼ 그림 1-7 무선 랜

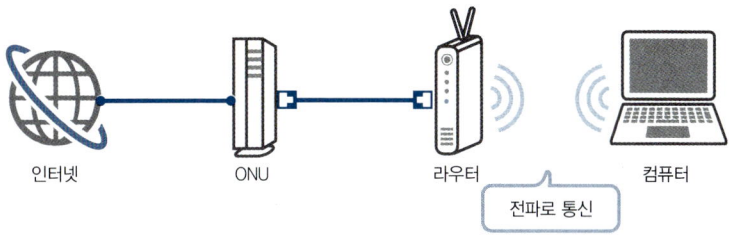

원래 랜에는 규격이 있고, 그 규격을 바탕으로 접속됩니다. 이제부터 유선 랜, 무선 랜 각각에 정해진 규격을 간단히 설명하겠습니다.

유선 랜용 규격에는 다양한 종류가 있지만, 현재는 대부분의 환경에서 **이더넷**을 사용합니다. 이더넷은 랜에 이용되는 물리적인 회선이나 접속 커넥터에 관해 정해진 규격이고, 이 뒤에 설명하는 OSI 참조 모델의 1층과 2층에 해당합니다.

무선 랜용 규격은 IEEE라는 표준화 기구가 정한 **IEEE 802.11** 시리즈가 표준으로 보급되어 있습니다. IEEE 802.11 기기와 관련한 업계 단체인 Wi-Fi Alliance가 이 표준에 따라 만들어진 제품 간 호환성을 인증하는데, 이 인증을 와이파이(Wi-Fi)라고 합니다.

랜은 자체 설비로 구축되는 일이 많아 처음에 기기를 살 때 비용이 들어가지만, 정기적인 이용 요금은 발생하지 않습니다.

랜 역사를 보면 처음에는 모두 유선 랜이었고 지금보다 속도도 훨씬 느렸습니다. 네트워크 장비가 고성능·고기능화되면서 무선 랜이 등장했고, 유선 랜도 규격이 업데이트되면서 속도가 빨라졌습니다(그림 1-8).

▼ 그림 1-8 랜 규격 변천

유선 랜

규격명	통신 속도
10BASE-T	10Mbps
100BASE-T	100Mbps
1000BASE-T	1000Mbps

오래된 규격 → 새로운 규격

무선 랜

규격명	주파수	통신 속도
IEEE 802.11b	2.4GHz	11Mbps
IEEE 802.11g	2.4GHz	54Mbps
IEEE 802.11a	5GHz	54Mbps
IEEE 802.11n	2.4GHz 5GHz	600Mbps
IEEE 802.11ac	5GHz	6900Mbps

오래된 규격 → 새로운 규격

> **column ≡ 공중 무선 랜**
>
> 조금 전에도 말했듯이 와이파이라는 말은 무선 랜 기기에 부여하는 인증을 의미하지만, 흔히 '이 카페에는 와이파이가 있습니다'고 쓰여 있는 경우에는 대부분 '공중 무선 랜'을 가리킵니다.
>
> 공중 무선 랜이란 주로 공공장소에서 무선 랜을 이용하여 인터넷 연결을 제공하는 서비스입니다. 유료 서비스로 제공되는 무선 랜도 있고, 공공 단체(지방 자치 단체 등)나 시설(카페나 호텔 등), 대중교통(기차, 비행기 등)에서 무료로 제공하는 등 다양한 형태로 제공됩니다.

왠 특징

왠은 거점과 거점을 연결하고자 SKT나 KT 등 통신 사업자가 제공하는 통신 회선 서비스를 이용하는 네트워크입니다. 통신 사업자의 설비를 빌려야 하므로 통신 서비스 이용료나 네트워크 기기 임대료를 지불해야 합니다.

기업 등 이용자는 여러 왠 서비스에서 회선 품질이나 비용을 고려한 최적의 서비스를 선택하여 계약하곤 합니다. 왠 회선에는 개인용과는 별도로 법인용 회선도 있습니다. 법인용 회선은 보증 대역이 정해져 있거나 보안 옵션을 선택할 수 있습니다. 일반적으로 개인용 회선보다 이용료가 비쌉니다.

또 유선으로 연결된 왠 서비스 이외에 이동 통신망을 사용한 무선 통신도 있으며, 휴대 전화가 대표적입니다. 이런 무선 통신을 두고 **무선 왠**(WWAN, Wireless WAN)이라고도 합니다. 휴대 전화 이동 통신은 서비스가 제공되기 시작했을 당시에는 매우 느리고 요금도 비싸서 극히 소량의 통신을 일시적으로 이용하는 형태였으나, 해마다 새로운 규격으로 바뀌고 빠르고 저렴해지면서 휴대 전화나 모바일 와이파이 라우터를 이용하는 컴퓨터 통신 등에서도 상시 접속 형태로 활용되기 시작했습니다.

1.1.4 네트워크 구성 요소

지금부터 네트워크를 구성하는 요소를 설명하겠습니다. 일반적인 네트워크를 구성할 때 필요한 것부터 시작해서 각각의 요소를 설명합니다.

PC, 휴대 전화 등

사용자가 일반적으로 이용하는 **단말**입니다. 단말을 조작하여 회사 내 서비스를 이용하거나 인터넷상의 서비스를 이용합니다.

서버

어떤 서비스를 제공하는 컴퓨터를 **서버**라고 합니다. 하드웨어의 부품 구성이나 제작 방법은 일반 컴퓨터와 비슷하지만, 365일 쉬지 않고 계속 가동될 것을 예상하여 좀 더 고성능 부품을 사용합니다.

스위치

유선 랜을 묶는 것이 **스위치**입니다. 단순히 유선 랜을 묶는 것을 **L2 스위치**, 네트워크와 네트워크를 연결하는 기능이 있는 것을 **L3 스위치**, 부하 분산 및 애플리케이션에 맞게 통신을 제어할 수 있는 고급 스위치를 **L4 스위치**나 **L7 스위치** 등으로 부릅니다.

무선 액세스 포인트

무선 랜을 묶는 것을 **무선 액세스 포인트**라고 합니다. 무선 랜을 묶는 것 외에 유선 랜과 중개도 합니다. 뒤에서 설명할 공유기와 통합되어 **무선 랜 라우터**라고도 합니다.

ONU

ONU는 자택이나 회사 등에 끌어온 광 회선과 공유기 사이에 설치되어 광 회선과 공유기를 연결하고 광 신호와 디지털 신호를 변환하는 장치입니다. 간단히 말하면, 광 회선을 집이나 회사에서 사용할 수 있게 하는 장치로 이해하면 됩니다.

라우터

네트워크와 네트워크를 연결하는 기능이 있는 네트워크 장비가 **라우터**입니다. 랜과 인터넷의 경계에 설치되어 네트워크 간 다리를 놓거나, 거점과 거점을 연결하거나, 여러 단말기로 네트워크 회선을 공용하는 역할을 담당합니다. 라우터와 L3 스위치의 차이점은 2.3.1절에서 설명합니다.

방화벽

방화벽은 라우터와 마찬가지로 네트워크 경계에 놓이는 장비이지만, 라우터와 다른 점은 보안과 관련한 기능을 풍부하게 갖추었다는 것입니다. 통신 동작에 수상한 점이 없는지 확인하거나 안티 바이러스와 안티 스팸, 침입 감지/방어 등 역할을 담당합니다.

가상 라우터

퍼블릭 클라우드를 가상 프라이빗 클라우드로 이용하는 VPC(Virtual Private Cloud)라는 기술이 있습니다.

기존에는 데이터 센터에 기업 시스템 등을 설치하는 것이 일반적이었지만, 최근에는 VPC로 다시 이전하는 사례가 증가하고 있습니다. VPC는 가상적인 데이터 센터라고 할 수 있습니다. VPC와 기업 네트워크는 프라이빗 네트워크로 연결되는데, 여기서 VPC 쪽 연결점이 되는 것이 가상 라우터입니다. 라우터는 전용 하드웨어로 제공되고, 가상 라우터는 클라우드에서 실행되는 소프트웨어로 제공됩니다.

▼ 그림 1-9 네트워크의 구성 요소

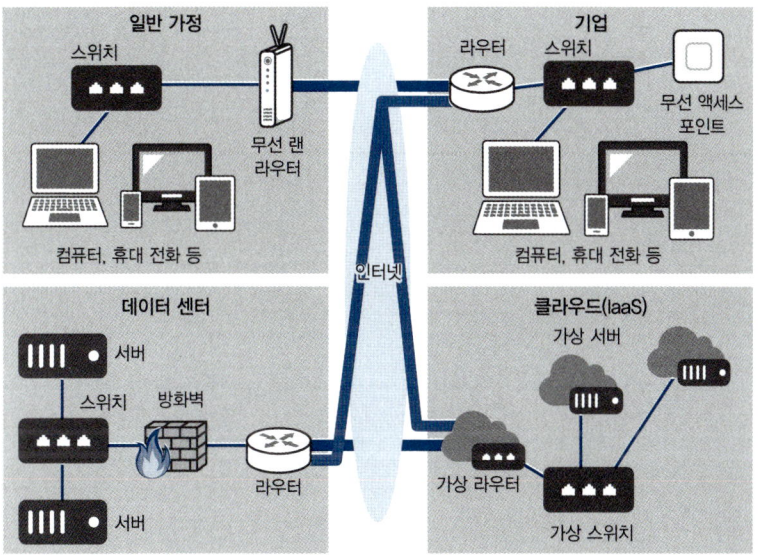

1.2 네트워크와 인터넷

1.2.1 인터네트워킹

여러분은 인터넷을 매일매일 당연한 것처럼 사용하고 있겠지요. 원래 인터넷이라는 말은 '네트워크 간 네트워크'나 '복수의 네트워크를 서로 연결한 네트워크'라는 의미의 '인터네트워크'라는 용어에서 왔습니다.

일반적으로 컴퓨터 네트워크를 확장하는 방법은 다음 두 가지입니다.

- 한 네트워크를 키워 가는 방법
- 네트워크와 네트워크를 연결하여 넓혀 가는 방법

복수 네트워크를 서로 연결하는 것을 **인터네트워킹**이라고 하는데, 후자의 접근 방식이 인터네트워킹입니다(그림 1-10). 그리고 전 세계적으로 인터네트워킹 하는 것이 **인터넷(The Internet)**입니다.

▼ 그림 1-10 인터네트워킹

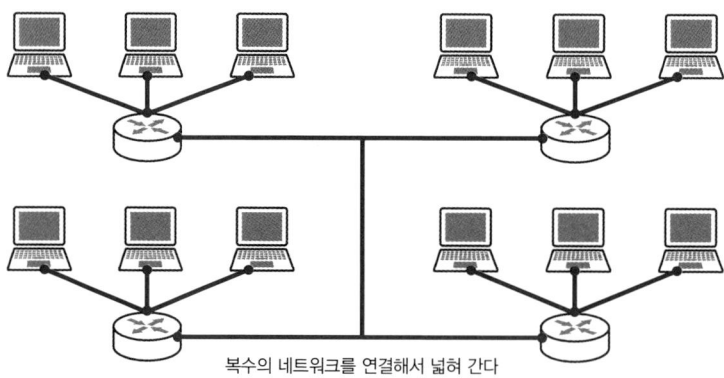

복수의 네트워크를 연결해서 넓혀 간다

인터넷 이외에도 기업용 네트워크에서 지점 A와 지점 B의 랜을 왠 회선으로 연결하는 것도 인터네트워킹의 일종입니다. 반면 스위칭 허브 등으로 랜끼리 연결하는 것은 랜의 확장입니다. 이는 앞서 말한 한 네트워크를 키워 간다는 접근 방식이므로 인터네트워킹에 해당하지 않습니다.

인터네트워킹의 장점은 불필요한 통신을 네트워크 전체로 확산시키지 않는다는 것과 고장이 나도 영향이 광범위하게 퍼지는 것을 막을 수 있다는 것입니다. 또 개별 네트워크를 각 조직의 방침에 따라 관리할 수 있는 것 등도 장점으로 들 수 있습니다.

> **column ≡ (The) Internet과 an internet**
>
> 인터네트워킹과 인터네트워크는 복수의 네트워크를 서로 연결한다는 의미의 일반 용어로, 거기에서 파생된 '인터넷'에는 두 가지 의미가 있습니다. 하나는 여러분에게도 친숙한 전 세계를 연결하는 이른바 인터넷(ARPANET(1.2.2절에서 설명)을 전신으로 하는 특정한 글로벌 네트워크)입니다. 고유 명사로 영어 대문자로 시작하는 The Internet 또는 Internet으로 표기합니다. 다른 하나는 인터네트워킹으로 구성되는 네트워크를 뜻하고, 영어로는 an internet으로 표기합니다.
>
> (The) Internet을 좁은 의미의 인터넷, an internet을 넓은 의미의 인터넷으로 부르기도 합니다. 이 책에서는 특별한 언급이 없는 한 (The) Internet을 인터넷이라고 표기합니다.

1.2.2 네트워크와 인터넷의 관계

앞서 복수의 네트워크를 서로 연결하는 인터네트워킹을 설명했습니다. 여기에서는 전 세계가 연결된 이른바 인터넷에 대해 더 자세하게 설명합니다.

인터넷 전신인 ARPANET(Advanced Research Projects Agency NETwork)은 미국 국방성의 고등연구계획국(약칭 ARPA, 후에 DARPA)이 자금을 대고, 몇 개 대학과 연구 기관이 공동으로 진행한 프로젝트입니다. ARPANET은 패킷 통신 네트워크와 TCP/IP(2.1.1절에서 설명) 실용화 등에서 오늘날 인터넷의 기술적 방향성에 영향을 주었습니다.

조직(AS)

인터넷은 전 세계 여러 조직의 네트워크가 서로 연결된 것입니다. 조직의 네트워크 간 접속 정책은 인터넷의 공통된 규칙을 따르지만, 조직 내부를 어떤 정책으로 운용할지는 각 조직에 맡겼습니다.

이 조직 단위를 **AS**(Autonomous System)(자율 시스템)라고 합니다. AS란 인터넷을 구성하는 단위인 어느 하나의 관리 주체로 보유·운용되는 독립된 네트워크를 의미하며, AS가 많이 연결되어 인터넷을 형성합니다(그림 1-11). 이 책에서는 이후로 AS를 조직으로 기술합니다.

이해하기 쉬운 조직의 예는 KT나 SKT, LG U+ 같은 **인터넷 서비스 제공자**(ISP, Internet Service provider)입니다. 가정용 네트워크의 예처럼 랜에 연결된 단말기는 일반적으로 ISP를 통해 인터넷에 접속합니다.

▼ 그림 1-11 AS와 인터넷

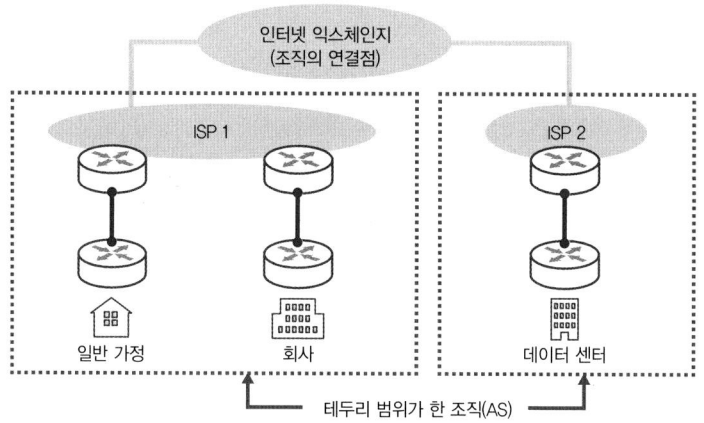

인터넷의 특징 중 하나는 특정 관리 조직이 존재하지 않는다는 것입니다. 인터넷에 포함되는 요소(규격이나 기술 등)를 관리하거나 표준화하는 단체는 있지만, 인터넷 자체를 관리하는 조직은 없습니다. 그렇기 때문에 인터넷에는 중심이 되는 것이 존재하지 않습니다. '○○에 접속하면 인터넷이다'고 쉽게 설명하기가 어려운 것도 인터넷의 특징 중 하나입니다.

> **실습: tracert 명령어를 실행해 보자**

인터넷은 전 세계 여러 조직의 네트워크가 서로 연결된 것입니다. 자신의 컴퓨터에서 인터넷상의 웹 사이트에 도달하기까지 다양한 네트워크를 거칩니다. 실제로 컴퓨터에 명령어를 내려 복잡한 네트워크 경로를 직접 느껴 봅시다.

이때 사용하는 tracert[1] 명령어는 실행한 컴퓨터에서 목적지 컴퓨터까지 가는 네트워크의 IP 주소(2.1.3절에서 설명)를 조사하는 도구입니다.

다음은 필자 컴퓨터에서 tracert google.com 명령을 실행한 결과입니다. 윈도라면 명령 프롬프트 창을, macOS라면 터미널 창을 열어 실행해 봅시다.

코드 1-1 tracert 명령어의 실행 예

```
> tracert google.com

최대 30홉 이상의
google.com [172.217.175.46](으)로 가는 경로 추적:

  1     1 ms     1 ms     1 ms  172.20.nate.com [172.20.10.1]
  2      *        *        *    요청 시간이 만료되었습니다.
  3    65 ms    46 ms    60 ms  172.28.198.82
  4      *        *        *    요청 시간이 만료되었습니다.
  5      *        *        *    요청 시간이 만료되었습니다.
  6      *        *        *    요청 시간이 만료되었습니다.
  7      *        *        *    요청 시간이 만료되었습니다.
  8      *        *        *    요청 시간이 만료되었습니다.
  9    66 ms    73 ms    46 ms  1.255.25.101
 10    99 ms    44 ms    41 ms  1.255.24.136
 11   157 ms   134 ms    49 ms  1.255.24.167
 12   112 ms   151 ms    92 ms  72.14.204.52
 13    83 ms    74 ms    95 ms  108.170.242.193
 14   102 ms    73 ms    75 ms  172.253.66.203
 15   119 ms    95 ms    67 ms  nrt20s19-in-f14.1e100.net
[172.217.175.46]

추적을 완료했습니다.
```

---

1 macOS를 포함한 유닉스 계열 OS의 경우 traceroute입니다.

> Tip ★ 경유하는 네트워크 기기가 tracert에 응답하지 않도록 설정되었다면 코드 1-1
> 의 2와 4~8라인과 유사한 결과를 얻지 못할 수도 있습니다.

tracert 명령어를 실행하면 컴퓨터에서 해당 서버에 이르는 경로가 목록으로 표시됩니다. 인터넷상에는 여러 라우터가 있고, 라우터를 몇 단계나 경유해야 통신이 연결된다는 사실을 알 수 있습니다. 여기에서는 이처럼 인터넷상에는 라우터가 몇 단계로 연결되어 있다는 것과 인터넷으로 통신하려면 몇 단계로 연결된 라우터를 경유해야 한다는 것을 떠올릴 수 있으면 됩니다(그림 1-12).

❤ 그림 1-12 몇 단계로 연결되는 라우터

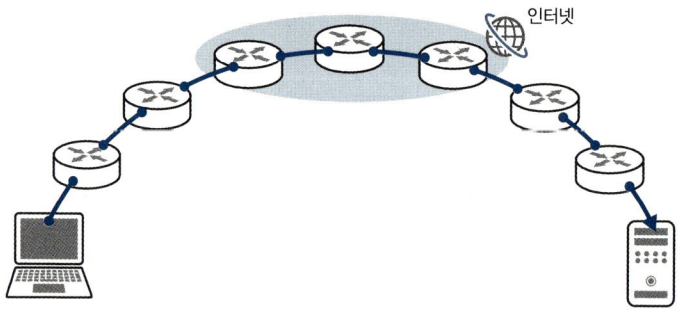

tracert 명령어를 실행한 결과는 여러분이 계약한 ISP에 따라 달라집니다. 꼭 각자 환경에서 시도하고 결과를 확인해 보세요.

1.2.3 인터넷과 왠의 차이

인터넷은 전 세계의 네트워크를 연결한 세계적 규모의 네트워크입니다. 네트워크와 네트워크를 연결할 때는 통신 사업자의 왠 회선으로 연결합니다. 지금까지 알아본 것처럼 거점과 거점을 연결하는 부분이 왠이며, 왠으로 연결된 네트워크 전체가 인터넷입니다(그림 1-13).

▼ 그림 1-13 인터넷과 왠

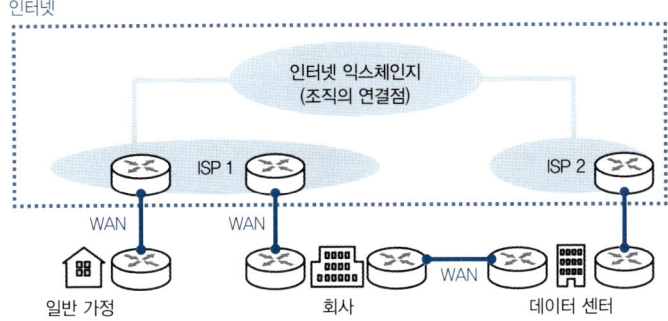

1.2.4 프로토콜

컴퓨터끼리 통신하려면 공통된 약속이 필요합니다. 이 공통된 약속을 프로토콜이라고 합니다. 이전에는 여러 가지 종류의 **프로토콜**이 있었지만, 지금은 TCP/IP라는 것이 주류가 되었습니다.

그렇다면 어째서 공통된 약속(프로토콜)이 필요할까요? 예를 들어 전구 소켓의 크기가 제조사마다 제각각인 경우를 생각해 봅시다. 공통된 규격이 없다면 집 근처 마트에 우리 집에서 쓰는 전구가 없거나 크기가 달라 사용하지 못하는 등 여러 가지 문제가 생길 수 있습니다. 또 같은 제조사라도 생산하는 소켓 크기가 제각각이면 더욱더 규격을 알기가 어렵습니다. 그래서 전자제품에는 어느 정도 공통 규격이 정해져 있으며, 각 제조사는 그 규격을 바탕으로 제품을 생산합니다. 그렇게 함으로써 어느 제조사의 제품이든 사용할 수 있습니다.

컴퓨터도 마찬가지입니다. A사 컴퓨터와 B사 컴퓨터가 서로 통신할 수 없다면 불편하겠지요. 예를 들어 A사 컴퓨터는 인터넷에 연결되지만 B사 컴퓨터는 연결할 수 없다든지, 네트워크 프린터를 B사 컴퓨터에서는 사용할 수 있지만 A사 컴퓨터에서는 사용할 수 없다면 역시 불편할 것입니다. 그런 불편함이 없게 하려면, 어느 제조사 컴퓨터든 똑같이 네트워크를 사용할 수 있게 하는 공통 언어라고도 할 수 있는 프로토콜이 필요합니다(그림 1-14).

▼ 그림 1-14 프로토콜 이미지

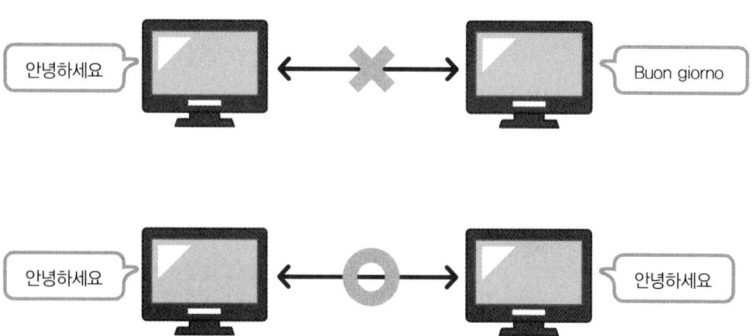

다음 장에서는 이런 통신을 할 수 있는 프로토콜인 TCP/IP를 자세히 살펴보겠습니다.

2장

네트워크를 실현하는 기술

2.1 TCP/IP의 기본

2.2 IP 주소 구조

2.3 네트워크 프로토콜

2.1 TCP/IP의 기본

2.1.1 TCP/IP

TCP/IP는 **인터넷 프로토콜 스위트**라고도 하며, 다른 컴퓨터 벤더나 운영 체제, 서로 다른 회선끼리 통신할 수 있게 하는 통신 프로토콜 세트입니다. 인터넷 여명기에 정의되어 현재까지 표준으로 사용하는 **TCP**(Transmission Control Protocol)와 **IP**(Internet Protocol)를 따서 TCP/IP라고 합니다.

다시 말해 TCP/IP는 TCP와 IP만 가리키는 것이 아니라, 수많은 인터넷 통신 프로토콜 세트를 의미합니다. TCP와 IP 이외에도 UDP나 ICMP 등 다른 프로토콜도 TCP/IP에 포함됩니다.

> Tip ☆ 예전에는 TCP/IP 이외에도 다양한 프로토콜이 있었지만, 현재는 대부분 TCP/IP를 사용합니다.

TCP/IP에서 다루는 범위는 역할에 따라 4개의 계층으로 나뉘며, 이를 **TCP/IP 4계층 모델**이라고 합니다. 데이터 송수신에 필요한 작업을 각 층에서 분담해서 처리하는 이미지입니다. TCP/IP에 포함된 프로토콜을 계층별로 나누면 그림 2-1과 같습니다.

▼ 그림 2-1 TCP/IP의 4계층 모델

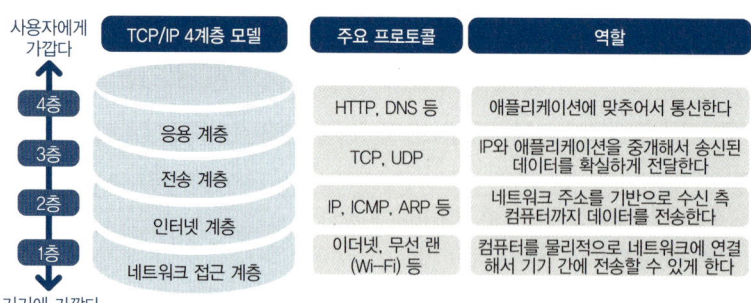

2.1.2 OSI 참조 모델

또 하나 알아 둘 프로토콜 계층 모델은 **OSI 참조 모델**(Open System Interconnection reference model)입니다. 이것은 TCP/IP 4계층 모델처럼 컴퓨터가 가져야만 하는 통신 기능을 계층 구조로 나눈 모델이자 벤더 간에 상호 통신할 수 있는 네트워크 모델로, 통일 규격입니다.

OSI 참조 모델은 통신 프로토콜을 그림 2-2처럼 7개의 계층으로 나누어 정의합니다.

▼ 그림 2-2 OSI 참조 모델

OSI 참조 모델의 각 층을 실제 네트워크 세계와 연결하면 이더넷이 물리 계층과 데이터 링크 계층에 해당합니다. TCP/IP의 IP는 네트워크 계층, TCP·UDP는 전송 계층에 해당하고, 컴퓨터상에서 움직이는 프로그램은 세션 계층, 표현 계층, 응용 계층에 걸치듯이 존재합니다. 덧붙여 앞서 설명한 TCP/IP 4계층 모델은 OSI 참조 모델과 별개로 만들어졌으며, 완전하게 대칭은 아닙니다. 대체로 그림 2-3과 같은 관계라고 할 수 있습니다.

▼ 그림 2-3 OSI 참조 모델과 TCP/IP 4계층 모델의 관계

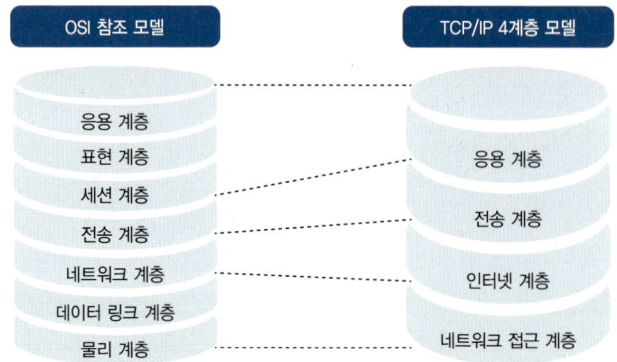

또 데이터가 상대에게 도달하는 흐름은 그림 2-4처럼 위에서 아래로 내려갔다 다시 위로 올라옵니다.

▼ 그림 2-4 계층 모델을 통해 데이터가 상대에게 도달하는 흐름

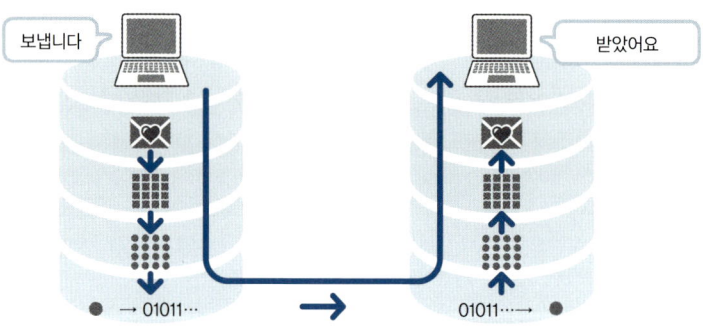

OSI 참조 모델에서 '층'이라는 요소가 네트워크 세계에서 실제로 어떻게 사용되는지 알아봅시다.

예를 들어 1장에서 소개한 스위치(네트워크 스위치)를 예로 들어 설명하겠습니다. 스위치는 랜 케이블을 모으는 장치로, 조건에 맞게 통신을 중계합니다. 어떤 계층의 정보를 바탕으로 중계하느냐에 따라 명칭이 달라집니다. 이더넷 범위에서 처리하는 것은 L2 스위치, 라우팅이 가능한 것은 L3 스위치라고 합니

다. 마찬가지로 TCP로 배분할 수 있는 것은 L4 스위치, 응용 프로그램 레벨에서 배분할 수 있는 것은 L7 스위치라고 합니다.

L2 스위치, L3 스위치, L4 스위치, L7 스위치는 각자 기능에 따라 분류된 네트워크 장비입니다. 각 차이 등 자세한 것은 2.3.1절에서 설명합니다.

2.1.3 주소

통신에서 **주소**(address)란 '통신 상대를 특정하는 식별 정보'입니다. 주소가 있기에 비로소 원하는 상대방과 통신할 수 있습니다.

IP 주소

IP 주소는 TCP/IP에서 컴퓨터를 식별하려고 할당되는 번호입니다. xxx.xxx.xxx.xxx 형식으로 표기된 숫자를 본 적이 있을 것입니다. 컴퓨터나 휴대 전화, 태블릿 등은 물론이고 서버, 라우터, 스위치 등 네트워크 장비에도 각각 IP 주소가 할당됩니다(그림 2-5).

덧붙여 IP 주소에는 **프라이빗 IP 주소와 글로벌 IP 주소**가 있습니다. 랜 내부에서 사용되는 것이 프라이빗 IP 주소, 인터넷에서 사용되는 것이 글로벌 IP 주소입니다.

▼ 그림 2-5 랜상의 기기에 할당된(프라이빗) IP 주소

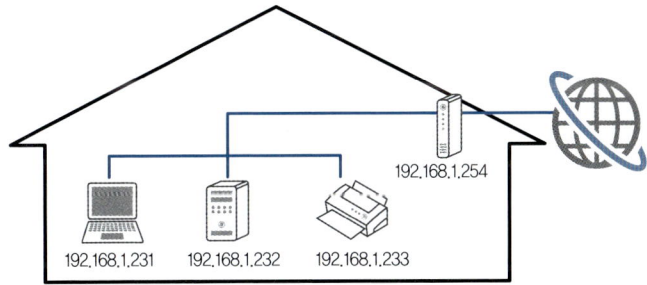

MAC 주소

그런데 까다롭게도 IP 주소만 있다고 컴퓨터끼리 통신할 수 있는 것은 아닙니다. 컴퓨터나 라우터 등 네트워크 기기에 처음부터 할당된 번호인 MAC **주소**[1]를 IP 주소와 조합해야 비로소 컴퓨터끼리 통신할 수 있습니다.

이더넷에서는 하드웨어끼리 통신 상대를 특정하고자 MAC 주소를 사용하고, TCP/IP에서는 통신 상대를 특정하고자 IP 주소를 사용하기 때문입니다.

주소를 이용한 통신 흐름과 ARP

같은 네트워크에 속한 컴퓨터끼리 통신할 때는 우선 IP 패킷을 보내고 싶은 상대의 MAC 주소를 조사하고, 그 MAC 주소로 패킷을 보내는 흐름이 됩니다(그림 2-6).

IP 패킷을 보내고 싶은 상대의 MAC 주소를 조사할 때 이용하는 것이 **ARP**(Address Resolution Protocol)입니다. ARP란 IP 주소에 대응하는 MAC 주소를 알아내려고 네트워크 전체에 패킷을 보내면(**ARP request**), 자신을 찾는 것을 안 컴퓨터가 응답(**ARP reply**)함으로써 MAC 주소와 IP 주소를 연결하여 통신할 수 있게 하는 일련의 시스템을 의미합니다.

---

[1] 역주 MAC(Media Access Control) 주소는 네트워크에서 각 기기를 구분하는 데 사용하는 주소로 총 48비트로 되어 있으며, 제조사 식별자와 제조사에서 할당하는 고유 시리얼로 구성됩니다.

▼ 그림 2-6 같은 네트워크에 속한 컴퓨터 사이의 통신

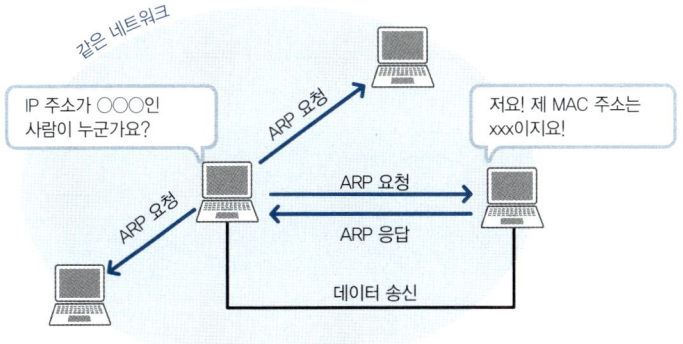

> Tip ★ ARP 요청처럼 '네트워크 전체에 패킷을 보내는 것'을 **브로드캐스트**라고 합니다.
> 브로드캐스트는 각 발신자가 그룹의 모든 수신자에게 메시지를 전송하는 통신 방법입니다.

반면에 다른 네트워크에 속한 컴퓨터와 통신하면 그림 2-7처럼 네트워크 사이에 라우터 또는 L3 스위치가 끼어듭니다.

자신과 다른 네트워크의 IP 주소와 통신할 때 컴퓨터는 미리 지정된 **기본 게이트웨이**라는 IP 주소로 통신을 보냅니다. 기본 게이트웨이는 다른 네트워크로 데이터를 전송하는 방법을 알고 있으며 일반적으로 라우터가 그 역할을 수행합니다. 이때 ARP를 사용해서 조사하는 것은 목적지(다른 네트워크)의 IP 주소에 대응하는 MAC 주소가 아니라 기본 게이트웨이에 대응하는 MAC 주소입니다.

▼ 그림 2-7 다른 네트워크에 속한 컴퓨터끼리 통신

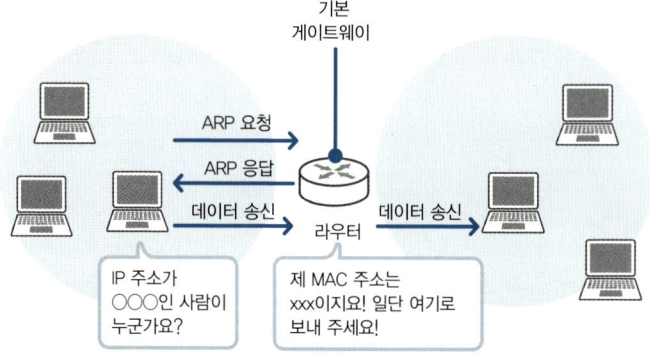

이제부터는 다른 네트워크에 속한 컴퓨터 간의 통신과 기본 게이트웨이를 더 자세히 살펴보겠습니다.

> **column** ≡ **IPv4와 IPv6**
>
> 현재 사용되는 IP 주소는 IPv4(IP version 4)와 IPv6(IP version 6)로 두 종류가 있습니다.
>
> IPv4는 예전부터 사용되었고 지금도 메인으로 사용됩니다. 인터넷이 보급되면서 IPv4 주소가 부족해졌고, 이 문제를 극복하고자 새롭게 도입된 것이 IPv6입니다. 하지만 IPv6가 등장하고 수년이 지났음에도 아직도 IPv6를 메인으로 사용하지 않습니다.
>
> 가장 큰 이유는 IPv4 주소가 여전히 쓸 만하다는 데 있습니다. IPv4 주소가 고갈된다고 계속 말해 왔지만, 지금도 월 5달러 정도의 VPS(Virtual Private Server)를 계약하면 글로벌 IPv4 주소를 하나 부여받습니다.
>
> 인터넷을 사용할 때도 IPv4로 충분하기에 IPv6가 없어 인터넷을 사용할 수 없는 절박한 상황은 발생하지 않습니다. 마치 석유 자원이 앞으로 고갈된다고 하지만 지금도 여전히 싼 가격으로 휘발유를 살 수 있는 것과 마찬가지로, IPv4 주소도 5달러 정도면 손에 넣을 수 있습니다. 이 '쉽게 손에 넣을 수 있는 상황'이 바뀌지 않는 한 현재 상태에도 큰 변화는 없을 것입니다.

2.1.4 패킷

통신할 때 데이터를 교환하는 방법에는 회선 교환과 패킷 교환 두 종류가 있습니다(그림 2-8). 데이터를 보내고 받는 모습을 교환이라고 상상하면 이해하기가 더 쉽겠지요.

▼ 그림 2-8 회선 교환과 패킷 교환

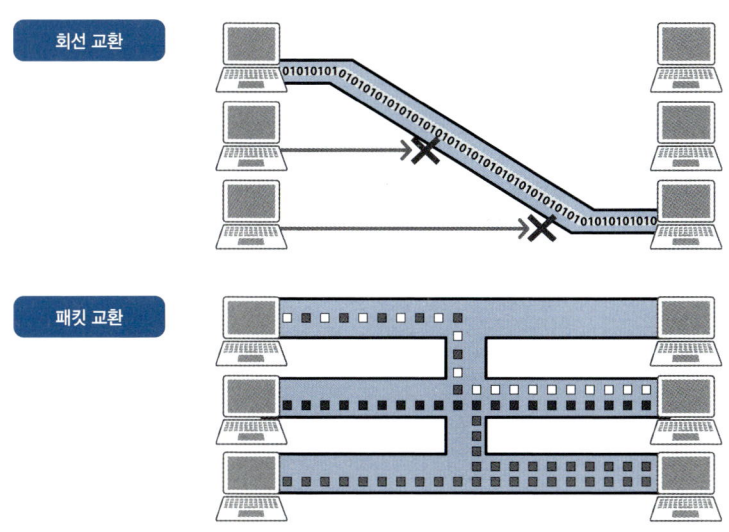

회선 교환이란 전화에 가까운 이미지로 데이터를 교환하는 동안 계속해서 회선을 점유하는 방식을 의미합니다. 전화는 기본적으로 일대일로 주고받는 것이고, 통화하는 동안에는 다른 상대와 전화할 수 없습니다. 그러나 컴퓨터 네트워크에서는 여러 상대와 동시에 데이터를 주고받는 경우가 있어 이런 방식은 효율적이지 않습니다.

그래서 생겨난 방식이 **패킷 교환**입니다. 패킷 교환은 주고받는 데이터를 '패킷'이라고 하는 작은 덩어리로 나누고, 회선을 공용해서 복수의 통신을 내보내는 방식입니다. **패킷**은 소포의 의미로, 소포를 실은 트럭이 도로를 달려 짐(데이터)을 운반한다고 생각하면 좋습니다. 이때 도로를 점유하지 않고 여러 사람이 함께 이용합니다. 패킷 교환도 마찬가지로 회선을 점유하지 않고 여러 사람이 함께 이용합니다.

그림 2-9를 보면 알 수 있듯이 패킷에는 실제로 소포의 운송장처럼 화물 이외에도 받는 곳이나 보내는 곳 등의 정보가 부가됩니다. 운송장에 해당하는 것을 **헤더**, 화물에 해당하는 것(작게 나눈 데이터)을 **페이로드**라고 합니다. 헤더에는 받는 곳이나 보내는 곳 이외에 소분한 데이터 순서 등도 기록됩니다. 이렇게 함으로써 데이터를 작게 분할하여 전송하더라도 도착한 곳에서 원래대로 복원할 수 있습니다.

▼ 그림 2-9 패킷화

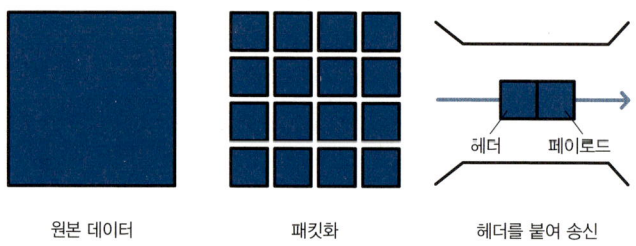

2.2 IP 주소 구조

앞서 TCP/IP에 관해 전체적으로 살펴보았습니다. 여기에서는 IP 주소 구조를 더 자세히 알아보겠습니다.

2.2.1 IP 주소 분석

그런데 왜 제일 먼저 IP 주소를 배워야 할까요?

새 집을 얻어 생활하는 모습을 상상해 보세요. 분명히 인터넷 회선을 설치하고 가정용 라우터(공유기)를 사서 컴퓨터를 연결하겠지요. 라우터 설정이 필요할 것이라고 생각하겠지만, 사실은 컴퓨터를 라우터에 연결하자마자 인터넷을 사용할 수 있습니다. 특별히 컴퓨터에 아무것도 설정한 적이 없으니, 컴퓨터는 처음부터 인터넷(네트워크)을 사용할 수 있게 설정되어 있다고 생각하는 사람도 있는 것 같습니다. 하지만 컴퓨터가 출하되었을 때는 MAC 주소만 있고 IP 주소는 없습니다. 컴퓨터를 라우터에 연결해야 비로소 라우터에서 IP 주소를 받아 옵니다.

이렇게 라우터에서 IP 주소를 자동으로 할당받는 기술을 **DHCP**(Dynamic Host Configuration Protocol)라고 합니다.

DHCP에서는 그림 2-10에 나타낸 네 단계 흐름에 따라 통신하여 네트워크 설정을 가져옵니다.

- **DHCP Discover**: DHCP 클라이언트가 DHCP 서버를 찾고자 네트워크에 통신을 하는 것
- **DHCP Offer**: DHCP 서버가 DHCP 클라이언트에 설정을 제안하는 통신을 하는 것
- **DHCP Request**: DHCP 클라이언트가 DHCP 서버에 제안된 설정의 세부 사항을 요청하는 통신을 하는 것
- **DHCP ACK**: DHCP 서버가 DHCP 클라이언트에 설정의 세부 사항을 지정하는 통신을 하는 것

▼ 그림 2-10 DHCP 흐름

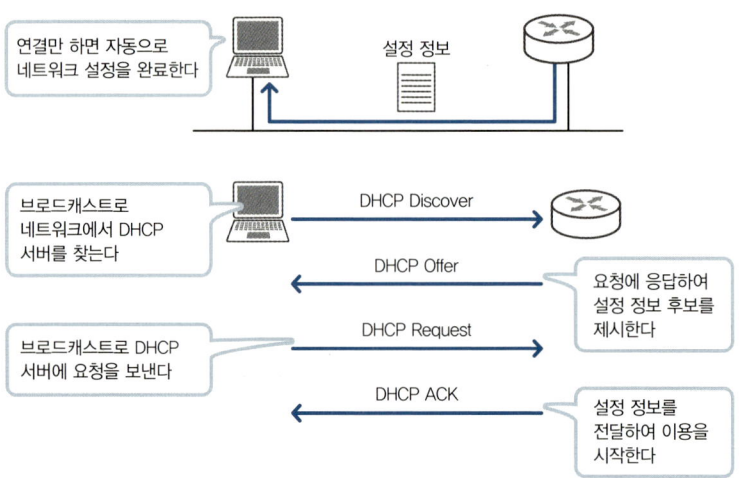

지금까지 일반 가정에서 인터넷을 연결하는 상황을 이야기했습니다. 다음은 회사 이야기로 전환해서 생각해 봅시다. 일반적으로 회사에서 인터넷(네트워크)을 사용할 수 있게 하는 것은 정보 시스템 부서 사람들입니다. 또 서버가 네트워크에 연결되도록 준비하는 사람을 네트워크 엔지니어라고 합니다. 최근에는 네트워크 엔지니어와 서버 엔지니어를 한꺼번에 인프라 엔지니어라고도 부릅니다. SRE(Site Reliability Engineering)라고 소프트웨어 엔지니어가 시스템 운용을 설계하는 방식이 퍼지기도 해서, 소프트웨어 엔지니어가 인프라를 담당하는 사례도 있습니다.

네트워크 엔지니어는 회사의 각 거점끼리 통신할 수 있도록 IP 주소를 할당합니다. IP 주소는 원래 처음부터 할당된 것이 아니고, 네트워크를 설계해서 구현하는 것입니다. 언뜻 이 책의 독자와는 직접 관련이 없는 것처럼 보이지만, 최근에는 클라우드를 활용하여 프로그래머가 시스템을 구축할 수도 있게 되었습니다. 이때 필요한 것이 바로 이 책에서 설명하는 네트워크 기초 지식입니다.

서론이 길어졌는데, 지금부터 본 주제인 IP 주소와 서브넷 마스크를 설명하겠습니다.

서브넷 마스크

IPv4 주소는 xxx.xxx.xxx.xxx 형식으로 표기합니다. 인간이 보기 쉽게 10진수로 표기하지만, 그 실체는 8자리 2진수 4개입니다. 또 IP 주소는 **네트워크부**와 **호스트부**로 나뉩니다(그림 2-11). 네트워크부는 어떤 네트워크를 나타내는 정보이며, 호스트부는 그 네트워크 안의 컴퓨터를 특정하는 정보입니다. 이 두 부분으로 IP 주소가 구성됩니다.

▼ 그림 2-11 IP 주소

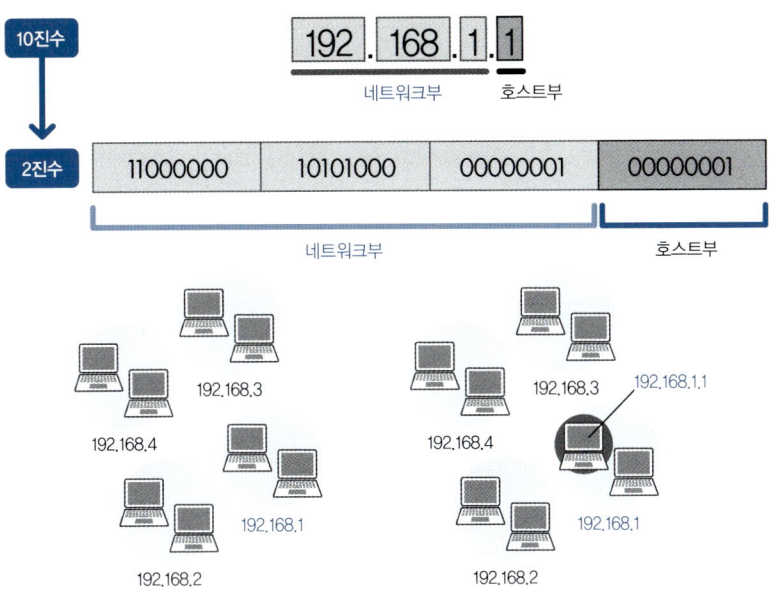

IPv4 주소에서 네트워크부가 어디부터 어디까지인지 나타내는 것이 **넷마스크(서브넷 마스크)**입니다. 넷마스크와 서브넷 마스크는 엄밀하게는 조금 의미가 다르지만, 현장에서는 거의 구별 없이 동일하게 사용합니다. 이 책에서는 서브넷 마스크라고 표기합니다.

그럼, 다음과 같은 IP 주소 정보를 예로 들어 설명하겠습니다. 이 장에서 지금부터 등장하는 주소는 다음 네 가지입니다. 갑자기 등장하는 용어도 있지만, 순서대로 설명하겠습니다.

- IP주소: 192.168.1.1
- 서브넷 마스크: 255.255.255.0
- 네트워크 주소: 192.168.1.0
- 브로드캐스트 주소: 192.168.1.255

서브넷 마스크의 255.255.255.0을 2진수로 나타내면 그림 2-12와 같습니다. 이 경우 2진수로 나타낸 서브넷 마스크에서 1 부분은 네트워크부, 0 부분은 호스트부가 됩니다.

▼ 그림 2-12 서브넷 마스크를 2진수로 표시

서브넷 마스크를 다시 10진수로 치환하면 255.255.255가 네트워크부이고, 끝에 0이 호스트부에 해당합니다. 8자리의 2진수 덩어리를 **옥텟**[2]이라고 하는데, IPv4 주소는 옥텟 4개로 되어 있습니다. 각각을 1옥텟, 2옥텟, 3옥텟, 4옥텟이라고 합니다. 이 경우에는 1옥텟에서 3옥텟까지 네트워크부, 4옥텟은 호스트부라고 할 수 있습니다.

---

2 역주 8비트를 1옥텟이라고 합니다. 바이트와 비슷하지만, 8비트임을 강조하는 표현입니다.

이 서브넷 마스크를 기반으로 IP 주소 192.168.1.1을 보면 그림 2-13과 같습니다.

▼ 그림 2-13 IP 주소를 2진수로 표시

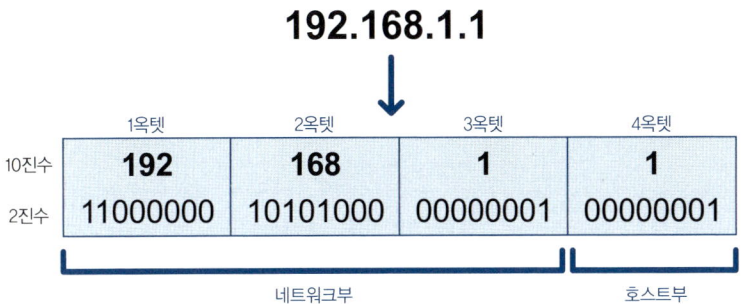

2.2.2 IP 주소의 할당과 관리

조금 전에 언급했듯이 IP 주소는 처음부터 있는 것이 아니라 따로 할당해서 사용합니다. 그림 2-14처럼 호스트부를 바꾸어 '1은 컴퓨터, 2는 서버, 3은 프린터…' 식으로 IP 주소를 할당합니다.

▼ 그림 2-14 IP 주소 할당

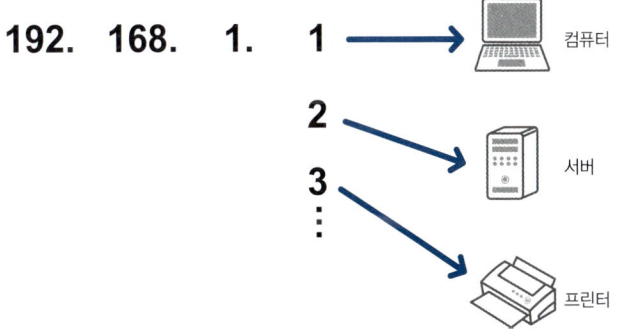

이번 예라면 호스트부는 2진수 8자리이므로 10진수로 말하면 0~255의 네트워크 호스트부로 사용할 수 있다고 생각할지도 모릅니다. 하지만 실제로는 할당할 수 없는 숫자가 있습니다.

그것은 바로 호스트부의 시작 숫자(여기에서는 0)와 마지막 숫자(여기에서는 255)입니다. 호스트부가 모두 0으로 된 것을 **네트워크 주소**라고 하며, 그 네트워크 자체를 나타냅니다(그림 2-15).

▼ 그림 2-15 네트워크 주소

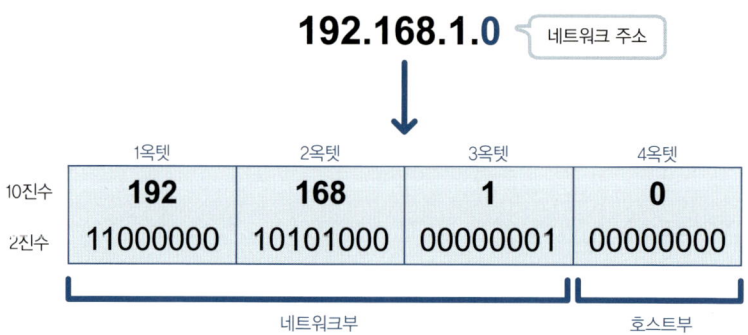

한편 호스트부를 모두 1로 한 것은 **브로드캐스트 주소**이며, 로컬 네트워크 전체에 통신을 보낼 때 사용합니다(그림 2-16). 앞서 소개한 ARP는 브로드캐스트 주소를 사용하여 네트워크 전체에 통신을 보냅니다.

▼ 그림 2-16 브로드캐스트 주소

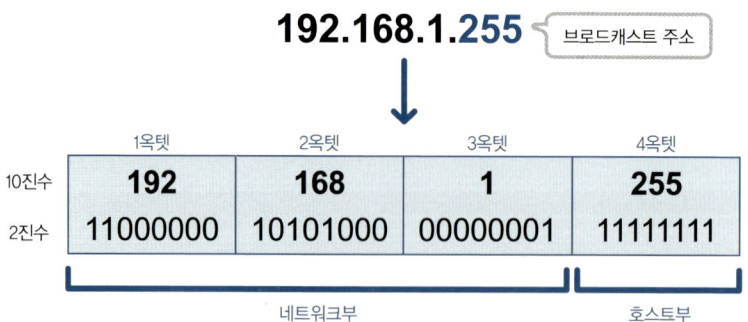

이런 의미를 지닌 네트워크 주소와 브로드캐스트 주소, 즉 호스트부의 처음 1개와 마지막 1개 주소는 컴퓨터 등 기기에 할당할 수 없습니다. IP 주소로 사용자가 자유롭게 이용할 수 없는 특별한 주소라고 할 수 있습니다. 그림 2-17의 예에서 사용자가 사용할 수 있는 IP 주소 개수는 256(0부터 계산하므로 255가 아님)에서 네트워크 주소와 브로드캐스트 주소 2개를 뺀 254개입니다.

▼ 그림 2-17 할당할 수 없는 주소

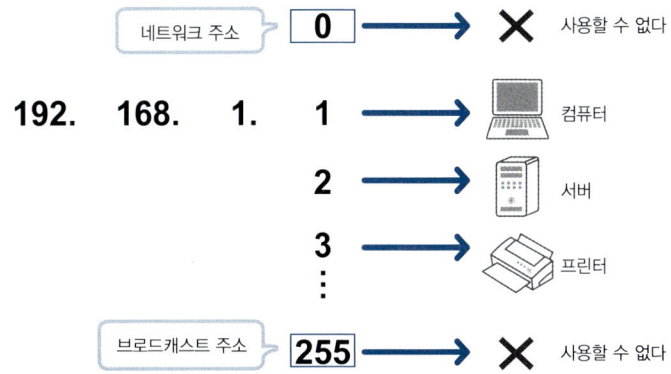

게다가 실제로는 라우터 등 네트워크 기기에도 IP 주소가 필요하므로 컴퓨터나 프린터 등 기기에 할당할 수 있는 IP 주소는 한층 더 줄어듭니다(그림 2-18).

▼ 그림 2-18 네트워크 기기에 주소 할당

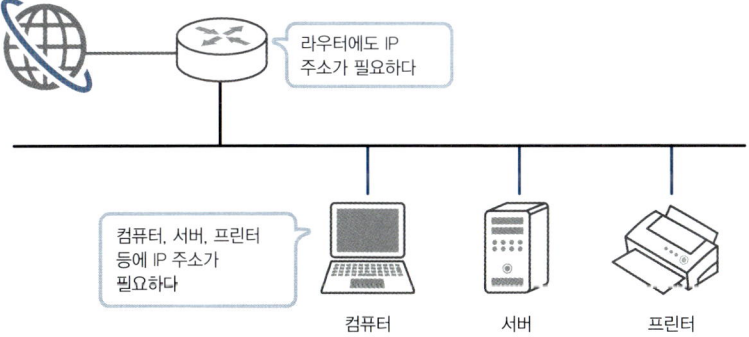

네트워크에 접속하는 기기가 많아지면 IP 주소를 별도로 관리해야 합니다. 자주 사용되는 고전적인 방식은 마이크로소프트의 엑셀처럼 표 계산 소프트웨어를 이용하여 표 형식으로 관리하는 방식입니다. 또 표 형식이 아닌 웹 애플리케이션으로 IP 주소 정보를 관리하거나 네트워크에서 자동으로 IP 주소 이용 상황 등을 조사하고 관리하는 툴도 있습니다. 이런 관리 소프트웨어를 IP 주소 관리 소프트웨어(IPAM)라고 합니다.

> **Tip** 여기에서 예로 든 192.168.1.1이 속한 네트워크는 네트워크부가 24비트(1의 개수가 24개)이고 네트워크 주소가 192.168.1.0이므로 192.168.1.0/24로 표기할 수도 있습니다. 이처럼 IP 주소(네트워크 주소) 뒤에 /를 붙이고, 이어서 서브넷 마스크의 비트(bit) 수를 표기하는 방식을 CIDR 표기법이라고 합니다. CIDR 표기법을 사용하면 IP 주소와 서브넷 마스크 정보를 한눈에 파악할 수 있습니다.

클래스 및 가변 길이 서브넷 마스크

IP 주소는 네트워크부 길이에 따라 클래스가 나뉩니다. 주요 클래스는 표 2-1에 정리한 A, B, C 세 가지 유형입니다.

▼ 표 2-1 A, B, C의 각 클래스

	1옥텟	2옥텟	3옥텟	4옥텟
클래스 A(/8)	11111111	00000000	00000000	00000000
클래스 B(/16)	11111111	11111111	00000000	00000000
클래스 C(/24)	11111111	11111111	11111111	00000000

그러나 서브넷 마스크가 반드시 클래스를 따라야 하는 것은 아닙니다. 클래스의 서브넷 마스크 길이를 변경하여 네트워크 크기를 바꾼 것을 **가변 길이 서브넷 마스크**라고 합니다.

예를 들어 회사 네트워크 관리자가 되었다고 합시다. 사내 랜을 구축할 때 192.168.0.0/24인 네트워크 세그먼트[3] 4를 랜에 할당했습니다. 이후 회사가 성장하면서 직원 수가 늘어나고 컴퓨터 대수도 증가했으며, 휴대 전화나 태블릿 등으로 와이파이를 통해 랜에 접속하는 등 IP 주소가 모자라기 시작했습니다. 그래서 최소한으로 작업할 수 있는 IP 주소를 늘리는 방법으로 서브넷 마스크를 변경해 보기로 합니다.

그림 2-19에서는 네트워크 192.168.0.0의 서브넷 마스크를 255.255.255.0에서 255.255.254.0으로 변경했습니다. 호스트부가 넓어져 그만큼 할당할 수 있는 IP 주소도 늘어났습니다.

▼ 그림 2-19 서브넷 마스크 변경

이번 변경 작업으로 사용할 수 있는 IP 주소는 대략 두 배 정도로 증가했습니다. 물론 처음부터 호스트부를 넓게 잡아 둘 수도 있습니다. 다만 호스트부가 너무 크면 ARP 등으로 브로드캐스트 통신량이 증가하므로 필요한 만큼 적절한 크기로 설정해야 합니다.

---

3 역주 한 도메인인 네트워크를 나누었을 때 물리적으로 제한되는 각각의 네트워크입니다.

나중에 확장할 수 있도록 네트워크 세그먼트를 설정하거나, 처음부터 크게 확보할 때는 서브넷 마스크 계산 방법이 도움이 될 것입니다. 이 뒤에 소개하는 네트워크의 설계와 구축에도 이런 지식이 필요합니다.

2.2.3 데이터가 바르게 전송되는 메커니즘

2.1.3절에서 MAC 주소와 ARP 기술을 이용하여 데이터를 전송하는 흐름을 설명했습니다. 이번에는 다른 네트워크에 속한 컴퓨터와 통신할 때 어떤 일이 일어나는지 자세히 알아보겠습니다.

예를 들어 컴퓨터 세 대가 있다고 합시다.

- 네트워크 A에 속한 컴퓨터 A
- 네트워크 B에 속한 컴퓨터 B
- 네트워크 C에 속한 컴퓨터 C

컴퓨터 A에서 컴퓨터 B와 컴퓨터 C로 통신할 때는 어떻게 동작할까요? 예를 들어 먼저 컴퓨터 A에서 컴퓨터 B로 통신할 때의 흐름을 살펴보겠습니다.

컴퓨터 A는 컴퓨터 B에 데이터를 보내고 싶지만, 각각 다른 네트워크에 속해 있어 직접 데이터를 보낼 수 없습니다. 그래서 라우터라는 네트워크 기기가 개입하게 됩니다.

▼ 그림 2-20 다른 네트워크에 속한 컴퓨터

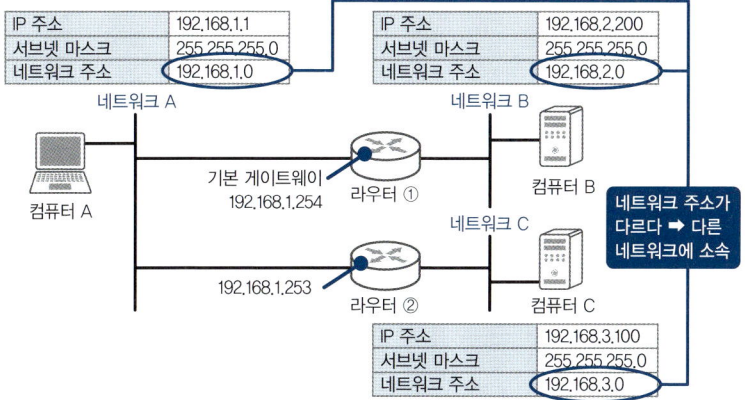

컴퓨터 A가 컴퓨터 B에 데이터를 보낼 때 어떤 라우터로 보내야 할지 모르는 경우, 컴퓨터 A는 **기본 게이트웨이**라고 하는 라우터로 데이터를 송신합니다. 기본 게이트웨이란 '규정 수신처'를 의미하며, 전송할 라우터가 정해져 있지 않은 경우에는 반드시 이곳으로 보낸다고 규칙으로 정해 놓았습니다.

▼ 그림 2-21 기본 게이트웨이

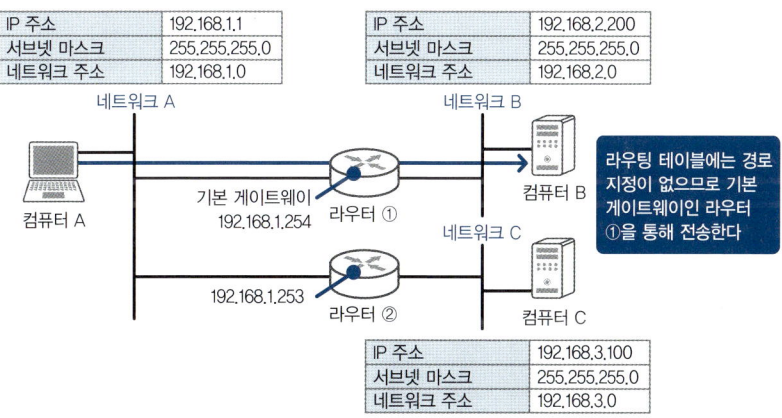

여기에서 컴퓨터 A의 기본 게이트웨이는 그림 2-21의 라우터 ①이라고 가정합니다. 라우터 ①은 네트워크 A와 네트워크 B에 모두 소속되어 있으므로 컴퓨

터 A로부터 통신을 컴퓨터 B로 전송할 수 있습니다. 라우터가 수행하는 작업을 **라우팅**이라고 합니다.

이번에는 컴퓨터 A에서 컴퓨터 C로 통신할 때 움직임을 살펴보겠습니다. 이때 컴퓨터 A는 네트워크 C(컴퓨터 C)로 데이터를 보낼 때 라우터 ②로 보낸다는 것을 알고 있습니다. 그 정보는 라우팅 테이블이라는 것에 기록되어 있습니다. **라우팅 테이블**에는 네트워크로의 통신을 어느 라우터로 전달해야 하는지 기록되어 있습니다. 라우팅 테이블에 따라 기본 게이트웨이로 보내거나 직접 대상 라우터로 보낼 수 있는 구조로 되어 있습니다.

▼ 그림 2-22 라우팅 테이블

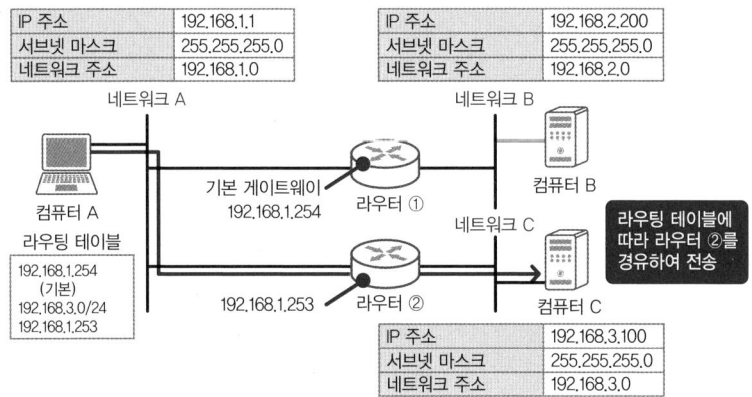

따라서 컴퓨터 A는 라우터 ②에 데이터를 전송하고, 라우터 ②는 컴퓨터 C에 데이터를 전송합니다.

라우터에서 라우터로 전송

여기에서는 라우터에서 라우터로 전송하는 패턴은 없지만, 인터넷이나 기업 네트워크에서는 라우터 여러 대가 연결되어 있고, 그 라우터들을 통해 통신합니다. 앞서 소개한 예에서 라우터는 전송할 네트워크를 알고 있다고 전제했지만, 라우터도 자신이 속해 있지 않거나 보낼 곳을 모르는 네트워크와 통신해야 할 상황에 놓일 수 있습니다. 라우터에도 기본 게이트웨이(라우터의 경우는 **기본 라우트**라고 부르지만, 거의 의미가 같음)가 있습니다. 기본 라우터로 통신을 전송하면 기본 라우터가 다시 전송처를 찾는 식으로 버킷 릴레이를 반복하여 네트워크가 성립됩니다.

> **Tip** 라우터는 이처럼 OSI 참조 모델 3계층(네트워크 계층)에서 IP 경로를 제어하는 기기입니다. 사실은 앞서 설명한 L3 스위치도 마찬가지로 OSI 참조 모델 3계층에서 IP 경로를 제어합니다. 라우터와 L3 스위치는 어떤 차이가 있을까요? 이는 다음 절에서 설명하겠습니다.

실습: IP 주소와 MAC 주소 확인하기

윈도 운영 체제에서 내 컴퓨터의 IP 주소와 MAC 주소를 알아봅니다.

윈도 **시작** 버튼 옆 검색 박스에 cmd를 입력하고 Enter 키를 눌러 명령 프롬프트를 엽니다.

▼ 그림 2-23 [시작] 버튼 옆 검색 박스

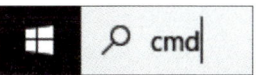

명령 프롬프트가 열리면 ipconfig /all 명령을 입력하고 Enter 키를 누릅니다. 사용하지 않는 디바이스 정보도 대량으로 표시되기 때문에 다음 출력에서는 일부를 생략했습니다.

코드 2-1 ipconfig 실행 결과(명령)

```
> ipconfig /all

Windows IP 구성

    호스트 이름 . . . . . . . . . : lachesis7
    주 DNS 접미사 . . . . . . . . :
```

```
   노드 유형 . . . . . . . . . : 혼성
   IP 라우팅 사용. . . . . . . : 아니요
   WINS 프록시 사용. . . . . . : 아니요

   ...

   무선 LAN 어댑터 Wi-Fi:
      연결별 DNS 접미사. . . . :
      설명. . . . . . . . . . . : Realtek RTL8822BE 802.11ac PCIe Adapter
      물리적 주소 . . . . . . . : 10-5B-AD-29-DB-4F
      DHCP 사용 . . . . . . . . : 예
      자동 구성 사용. . . . . . : 예
      IPv4 주소 . . . . . . . . : 192.168.43.206(기본 설정)
      서브넷 마스크 . . . . . . : 255.255.255.0
      임대 시작 날짜. . . . . . : 2019년 7월 7일 11:02:24
      임대 만료 날짜. . . . . . : 2019년 7월 7일 16:08:46
      기본 게이트웨이 . . . . . : 192.168.43.1
      DHCP 서버 . . . . . . . . : 192.168.43.1
      DNS 서버. . . . . . . . . : 192.168.0.1
      Tcpip를 통한 NetBIOS. . . : 사용

   ...
```

물리적 주소로 출력된 것이 MAC 주소입니다. IPv4 주소, 서브넷 마스크, 기본 게이트웨이 등도 이 명령으로 확인할 수 있습니다.

또 자신이 접속한 네트워크가 인터넷에서 통신할 때 사용되는 글로벌 IP 주소를 다음과 같은 웹 서비스로 조사할 수도 있습니다(그림 2-24).

URL https://ko.infobyip.com/

▼ 그림 2-24 웹 서비스로 IP 주소 확인

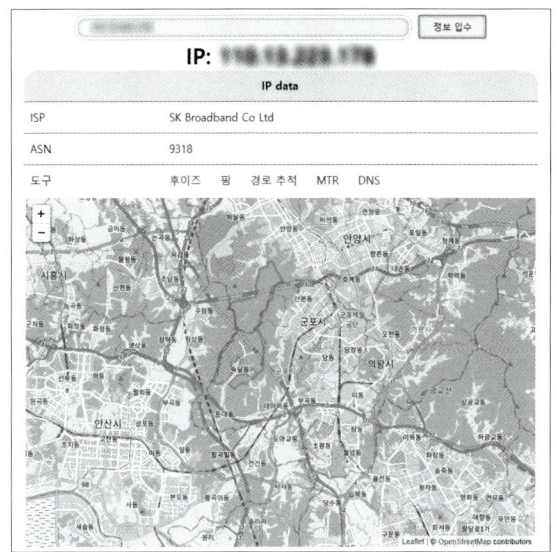

2.3 네트워크 프로토콜

BASIC OF NETWORK

2.3.1 네트워크 계층

지금까지 다양한 종류의 네트워크 장비가 등장했습니다. 조금 정리하면서 자세히 설명하겠습니다.

앞서 스위치에는 L2 스위치, L3 스위치, L4 스위치, L7 스위치 등 많은 종류가 있다고 언급했습니다. 각각 담당하는 역할이 다르므로 이렇게 나뉘어 있습니다.

L2 스위치

MAC 주소에 따라 데이터를 전송하는 것이 **L2 스위치**입니다. L2 스위치가 등장하기 전에는 **리피터**[4]라는 장치가 기기와 기기의 접속을 담당했습니다. 그러나 리피터는 모든 포트에 같은 데이터를 보내고 목적지와 일치하는 컴퓨터가 데이터를 받는 방식으로 동작하기 때문에 쓸데없는 데이터를 많이 전송합니다. L2 스위치는 목적지의 MAC 주소를 기억하므로 해당 포트에만 데이터를 보낼 수 있어 더욱 효율적으로 통신할 수 있습니다.

L3 스위치(와 라우터)

L3 스위치(와 라우터)는 L2 스위치에 다른 네트워크를 연결하는 기능이 추가되었습니다. 라우터에도 다른 네트워크를 연결하는 기능이 있어 그 점에서는 L3 스위치와 라우터를 같다고 할 수도 있지만, 세세한 부분에서 차이가 있습니다. 다른 네트워크와 연결하는 기능으로 보면 역사적으로는 라우터가 앞서며, 나중에 L3 스위치가 등장했습니다.

L3 스위치는 포트가 많다는 특징이 있습니다. 포트란 랜 케이블을 꽂는 구멍을 의미하며, L2 스위치에서 발전한 L3 스위치는 기기와 기기를 접속하는 역할도 담당하기에 일반적으로 라우터보다 많은 포트를 탑재하고 있습니다.

라우터의 특징으로 들 수 있는 점은 두 가지입니다. 첫째는 다양한 회선을 수용할 수 있다는 점입니다. L3 스위치는 이더넷을 지원하는 왠 회선을 수용할 수 있지만, 라우터는 전화 회선이나 이더넷이 아닌 광 회선 등도 수용할 수 있습니다. 지금도 전화 회선을 이용하는 사례가 적지 않습니다.

둘째는 L3 스위치보다 보안 측면에서 강하다는 점입니다. L3 스위치도 허용할 통신과 차단할 통신을 설정하는 **패킷 필터** 기능이 있지만, 송수신의 일관성 검사나 위조 방지 같은 패킷 체크 기능은 라우터가 뛰어납니다. 여기에 보안 기능

---

4 역주 약해진 신호의 잡음을 제거하고 증폭, 재전송하는 네트워크 장비입니다.

을 더욱 강화한 방화벽이나 UTM이라는 것도 있습니다(각각 4장에서 설명하겠습니다).

L4 스위치, L7 스위치

L4 스위치, L7 스위치는 로드 밸런서라고도 합니다. 로드 밸런싱은 시스템에 대한 요청을 여러 서버에 분산해서 통신량의 균형을 조절하는 기술입니다.

L4 스위치는 TCP 헤더 등 프로토콜 헤더의 내용을 해석하고 지정된 알고리즘에 근거하여 데이터를 분산해서 전송합니다. 주요 배분 방식으로는 **라운드 로빈**(round robin)과 **최소 연결**(least connection)이 있습니다(이외에도 더 있지만 여기에서는 생략합니다). 라운드 로빈은 분산처 A · B · C에 A→B→C→A→…처럼 순서대로 할당하는 방식입니다. 최소 연결은 분산처 A · B · C 중 가장 커넥션이 적은 곳(즉, 처리에 여유가 있는 곳)으로 데이터를 분산하는 기술로, 각 분산처의 부하를 평준화하는 방식입니다.

L7 스위치는 거기에 더해 응용 계층의 내용까지 분석하여 데이터를 분산해서 전송합니다. 특정 사용자와 서버의 연결(이것을 세션이라고 함)을 유지하는 기능은 L7 스위치가 실현합니다. 시스템에 따라서는 복수의 서버가 준비되어 있는데, 특정 사용자와 통신을 일정 기간 계속 유지할 필요가 있을 때가 있습니다. 예를 들어 웹 사이트에서 쇼핑할 때 등입니다. 이 경우 다른 서버에 연결되어 불일치가 발생하지 않도록 하는 것이 L7 스위치의 역할 중 하나입니다.

2.3.2 TCP와 UDP

TCP(Transmission Control Protocol)와 **UDP**(User Datagram Protocol)는 IP의 상위인 OSI 참조 모델 4계층에서 동작하는 프로토콜로, 3계층에서 동작하는 IP와 5~7계층에서 동작하는 애플리케이션(HTTP 등)을 중개합니다.

TCP와 UDP는 중개하는 역할은 같지만, 각각 다른 특성이 있습니다. TCP에는 신뢰할 수 있는 통신을 실현하는 기능이 구현되어 있고, UDP에는 신뢰성 확보를 위한 기능이 없는 대신 TCP보다 처리가 빠릅니다. 그 때문에 데이터의 일관성이 중요한 애플리케이션은 TCP로, 고속성이나 실시간성을 요구하는 애플리케이션은 UDP로 구분해서 사용합니다.

예를 들어 HTTP는 모든 데이터를 제대로 수신해야만 웹 페이지를 표시할 수 있기 때문에 TCP를 사용합니다. 그러나 IP 전화는 다소 데이터 오류가 나더라도 실시간성이 더 중요하기 때문에 UDP를 사용합니다.

포트 번호

TCP/UDP 모두 **포트 번호**가 있습니다. 포트 번호는 통신하는 대상 컴퓨터의 애플리케이션을 특정하는 번호입니다.

예를 들어 한 서버에서 웹 서버와 메일 서버를 동시에 실행 중이라고 하겠습니다. 이 경우 IP 주소만으로는 웹 서버로 가는 통신인지 메일 서버로 가는 통신인지 판별할 수 없습니다. 그래서 목적지 포트 번호를 이용해서 판별하는 것입니다(그림 2-25).

▼ 그림 2-25 목적지 포트 번호

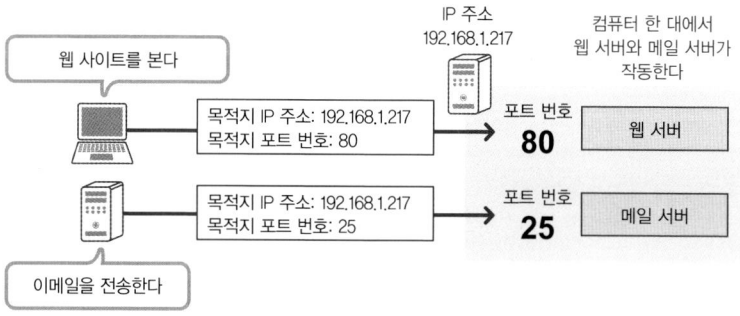

포트 번호로는 0~65535의 숫자가 사용되며, 표 2-2의 세 종류로 분류됩니다.

▼ 표 2-2 포트 번호의 종류

타입	범위	개요
잘 알려진 포트 번호 (well-known port)	0~1023	애플리케이션(서버 측)에서 사용하는 포트 번호
등록된 포트 번호 (registered port)	1024~49151	잘 알려진 포트 번호에 없는 독자적으로 만들어진 애플리케이션에서 사용하는 포트 번호
동적 포트 번호 (dynamic port)	49152~65535	애플리케이션(클라이언트 측)에서 사용하는 포트 번호

잘 알려진 포트 번호(0~1023) 중 자주 사용되는 것을 표 2-3에 정리했습니다.

▼ 표 2-3 자주 사용되는 잘 알려진 포트 번호

포트 번호	프로토콜 이름	트랜스포트 프로토콜	개요
80	HTTP	TCP	웹 서버 접속
443	HTTPS	TCP	웹 서버 접속(SSL/TLS 암호화)
110	POP3	TCP	메일 박스 읽기
25	SMTP	TCP	메일 서버 간 이메일 전송
22	SSH	TCP	컴퓨터에 원격 로그인
53	DNS	UDP	DNS 서버에 질의
123	NTP	TCP	시간 동기화

일반적으로는 표 2-3에서 소개한 프로토콜은 잘 알려진 포트 번호를 사용합니다. 그러나 서버 측에서 다른 번호를 설정하여 사용할 수도 있습니다. 보안상의 이유 등으로 SSH 포트 번호를 잘 알려진 포트 번호 22번에서 다른 번호로 변경하는 것을 자주 볼 수 있습니다.

> Tip ☆ SSH는 네트워크를 통해 서버에 로그인하여 명령어를 실행할 수 있는 편리한 프로토콜이지만, 서버를 탈취할 수도 있기 때문에 종종 공격 대상이 됩니다. 그래서 공격받을 가능성을 줄이고, 이 서버가 보안 대책이 끝난 것을 과시하기 위해서라도 포트 번호를 22번에서 다른 번호로 변경합니다.
>
> 단 포트 번호를 변경한다고 해서 공격을 완전히 막을 수 있는 것은 아니기 때문에 SSH의 인증 방식을 키 인증으로 하거나 접속을 허가하는 출발지 IP 주소를 제한하는 등 보안 대책과 병용하여 이용합니다.

동적 포트 번호는 출발지 접속 포트 번호로 이용됩니다(그림 2-26). 예를 들어 컴퓨터에서 웹 브라우저를 2개 실행하여 같은 웹 사이트를 열 때, 출발지 포트 식별 기능이 없으면 올바르게 통신할 수 없습니다. 이 경우 웹 브라우저 A의 HTTP 접속과 웹 브라우저 B의 HTTP 접속에 각각 다른 출발지 포트 번호를 할당하여 구별할 수 있습니다.

▼ 그림 2-26 동적 포트 번호

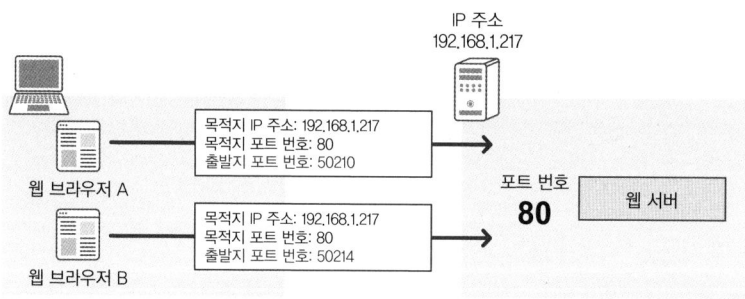

2.3.3 ICMP

ICMP(Internet Control Message Protocol)는 TCP/IP가 구현된 컴퓨터 및 네트워크 기기 사이에서 통신 상태를 확인할 때 이용하는 프로토콜입니다. OSI 참조 모델 3계층에서 동작하는 프로토콜이며, 계층은 IP와 동일하지만 IP 위에서 동작하는 프로토콜입니다. 연결 확인 등에 이용되는 ping이나 tracert 명령어 등이 ICMP 프로토콜을 사용하는 프로그램입니다.

3계층의 상위인 4계층에서 동작하는 프로토콜에는 앞서 소개한 TCP와 UDP가 있습니다. ICMP는 사실상 이들과 동등한 위치에 있는 프로토콜이라고 할 수 있습니다. ICMP는 TCP나 UDP를 사용하지 않고 단독으로 움직이기 때문입니다. TCP나 UDP를 거치지 않고 동작하므로 포트 번호는 없습니다.

> 💡 **실습: ping 명령어로 연결 확인하기**

네트워크상에 있는 컴퓨터나 호스트에 신호(패킷)를 보내서 정확하게 목적지에 도달하는지 조사할 수 있는 명령어가 ping입니다. 실제로 ping 명령어를 사용해서 신호가 도달하는지 확인해 보겠습니다.

윈도 **시작** 버튼 옆 검색 박스에 cmd를 입력하고 [Enter] 키를 눌러 명령 프롬프트를 엽니다. 명령 프롬프트가 열리면 ping 163.43.24.70을 입력하고 [Enter] 키를 누릅니다(코드 2-2).

코드 2-2 ping 실행 결과

```
> ping 163.43.24.70

ping 163.43.24.70 32바이트 데이터 사용:
163.43.24.70의 응답: 바이트=32 시간=43ms TTL=45
163.43.24.70의 응답: 바이트=32 시간=41ms TTL=45
163.43.24.70의 응답: 바이트=32 시간=41ms TTL=45
163.43.24.70의 응답: 바이트=32 시간=40ms TTL=45

163.43.24.70에 대한 ping 통계:
    패킷: 보냄 = 4, 받음 = 4, 손실 = 0 (0% 손실),
왕복 시간(밀리초):
    최소 = 40ms, 최대 = 43ms, 평균 = 41ms
```

윈도에서는 아무런 옵션도 지정하지 않으면 ping이 네 번 실행됩니다. 여기에서는 네 번의 패킷 송신에 대해 네 번 모두 응답을 수신했습니다. 즉, 모두 성공했으므로 앞의 결과가 표시되었습니다.

ping 명령어의 대상을 IP 주소가 아닌 호스트 이름으로 지정하면 DNS가 자동으로 IP 주소로 변환하여 ping 명령어를 실행합니다(코드 2-3).

코드 2-3 호스트 이름을 지정한 ping 실행 결과

```
> ping gilbut.co.kr

ping gilbut.co.kr [49.236.151.220] 32바이트 데이터 사용:
49.236.151.220의 응답: 바이트=32 시간=3ms TTL=55
49.236.151.220의 응답: 바이트=32 시간=3ms TTL=55
49.236.151.220의 응답: 바이트=32 시간=3ms TTL=55
49.236.151.220의 응답: 바이트=32 시간=3ms TTL=55

49.236.151.220에 대한 ping 통계:
    패킷: 보냄 = 4, 받음 = 4, 손실 = 0 (0% 손실),
왕복 시간(밀리초):
    최소 = 3ms, 최대 = 3ms, 평균 = 3ms
```

2.3.4 NAT

NAT(Network Address Translation)는 IP 주소를 변환하는 기술입니다. 왜 IP 주소를 변환해야 하는지 살펴보겠습니다.

2.1.3절에서 언급했듯이 IP 주소에는 프라이빗 IP 주소와 글로벌 IP 주소가 있습니다. 그중 랜 내에서 사용되는 것이 프라이빗 IP 주소이고, 인터넷에서 사용되는 것이 글로벌 IP 주소입니다.

▼ 그림 2-27 프라이빗 IP 주소와 글로벌 IP 주소

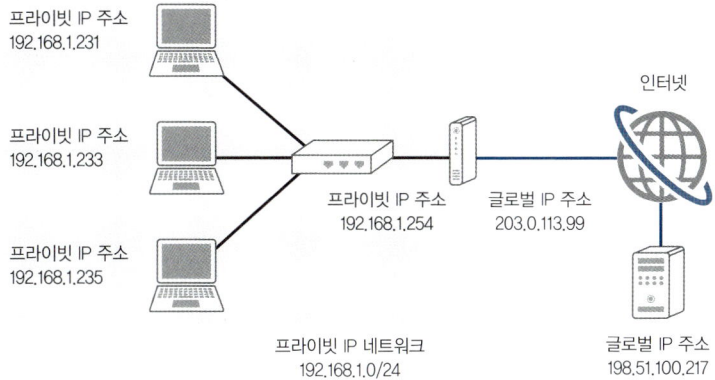

여기에서 프라이빗 IP 주소를 가진 컴퓨터로 인터넷상의 글로벌 IP 주소를 가진 서버에 접속한다고 합시다. 이때 프라이빗 IP 주소인 채로는 인터넷상에서 라우팅할 수 없습니다. 라우터가 프라이빗 IP 주소를 글로벌 IP 주소로 변환해 주어야만 데이터를 전송할 수 있습니다. 이 기술이 NAT입니다.

▼ 그림 2-28 NAT

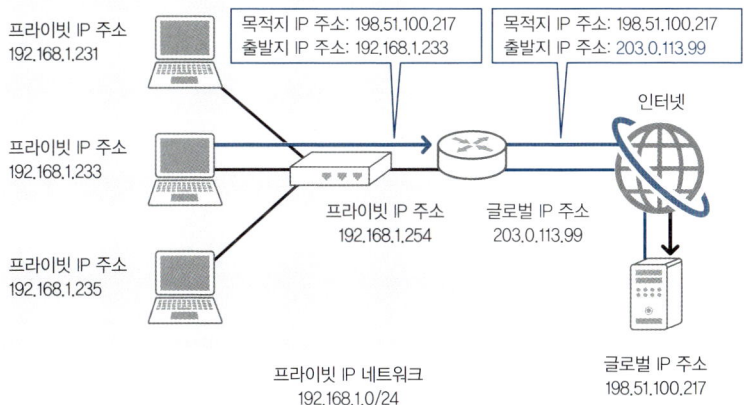

> 💡 **실습: netstat로 포트 조회하기**

netstat 명령어를 사용하면 컴퓨터에서 어떤 포트가 사용되는지 볼 수 있습니다.

윈도 **시작** 버튼 옆 검색 박스에 cmd를 입력하고 Enter 키를 눌러 명령 프롬프트를 엽니다. 명령 프롬프트가 열리면 netstat -n -p tcp를 입력하고 Enter 키를 누릅니다(코드 2-4).

코드 2-4 netstat 실행 결과

```
> netstat -n -p tcp

활성 연결

  프로토콜  로컬 주소              외부 주소              상태
  TCP       127.0.0.1:51311        127.0.0.1:51312        ESTABLISHED
  TCP       127.0.0.1:51312        127.0.0.1:51311        ESTABLISHED
  TCP       192.168.43.206:50210   13.115.86.198:443      ESTABLISHED
  TCP       192.168.43.206:50214   13.115.86.198:443      ESTABLISHED
  TCP       192.168.43.206:50219   52.139.250.253:443     ESTABLISHED
  TCP       192.168.43.206:50232   13.115.86.198:443      ESTABLISHED
  TCP       192.168.43.206:50266   52.194.38.200:443      ESTABLISHED
  TCP       192.168.43.206:50269   74.125.203.125:5222    ESTABLISHED
  TCP       192.168.43.206:50273   17.248.157.25:443      CLOSE_WAIT
  TCP       192.168.43.206:50367   23.35.193.228:443      CLOSE_WAIT
  TCP       192.168.43.206:50370   108.177.125.188:5228   ESTABLISHED
  TCP       192.168.43.206:50375   23.37.148.201:80       CLOSE_WAIT
  TCP       192.168.43.206:50376   23.37.148.201:80       CLOSE_WAIT
```

- 자신의 IP 주소
- 자신의 포트 번호
- 외부 IP 주소
- 외부 포트 번호
- 접속 상태
  ESTABLISHED: 연결 중
  CLOSE_WAIT: 종료 대기

표시된 주소 중에서 127.0.0.1은 자신을 나타내는 특수한 IP 주소입니다. 그 밖에는 동적 포트가 사용되고, 외부에서 컴퓨터에 접속해 오는 포트는 없지만 외부로 접속된 포트가 많이 있는 것을 알 수 있습니다.

2.3.5 프라이빗 IP 주소에 사용할 수 있는 IP 주소

프라이빗 IP 주소로 사용할 수 있는 IP 주소는 표 2-4에 나타낸 세 가지 클래스로 정해져 있습니다. 이런 주소는 글로벌 IP 주소로 사용되지 않으며, 랜 내에서만 사용됩니다.

▼ 표 2-4 프라이빗 IP 주소

클래스	주소
클래스 A	10.0.0.0/8
클래스 B	172.16.0.0/12
클래스 C	192.168.0.0/16

클래스 B 프라이빗 IP 주소와 클래스 C 프라이빗 IP 주소는 각 클래스의 서브넷 마스크의 비트 길이보다 짧고 더 큰 네트워크로 할당되어 있지만, 이용할 때는 이 범위에서 다시 /16이나 /24로 분할합니다. 물론 가변 길이 서브넷 마스크로 /23이나 /28처럼 변칙적으로 분할해서 이용할 수도 있습니다.

2.3.6 CIDR

2.2절에서 보았듯이 CIDR(Classless Inter-Domain Routing)은 쉽게 말해 목적지 여러 개를 모은 것입니다.

예를 들어 그림 2-29처럼 192.168.0.0/24~192.168.255.0/24 합계인 256개의 네트워크 세그먼트가 있다고 하겠습니다. 이것을 라우팅 테이블에 한 줄씩 쓰려면 총 256줄을 써야 하니 큰일일 것입니다.

여기에서 호스트부를 확장해서 192.168.0.0/16으로 하면 192.168.0.0/24~192.168.255.0/24의 합계 256개 네트워크 세그먼트 전체를 나타낸 것과 같아집니다. 이렇게 라우팅을 모아서 쓰는 것을 **라우팅 집약**이라고도 합니다(그림 2-29).

▼ 그림 2-29 라우팅 집약

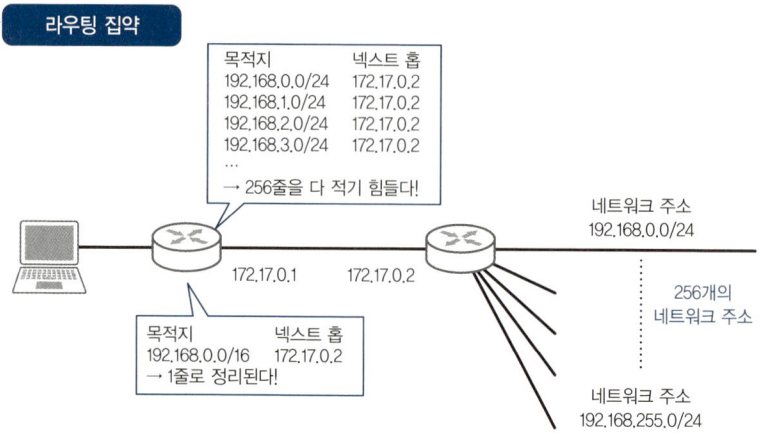

192.168.0.0/16에는 192.168.0.0~192.168.255.255가 포함됩니다. 이 안에는 192.168.0.0/24도, 192.168.255.0/24도 포함되어 있습니다(그림 2-30). 작은 네트워크 세그먼트를 포함하는 큰 네트워크 세그먼트라고 할 수 있습니다.

▼ 그림 2-30 네트워크 세그먼트의 포함

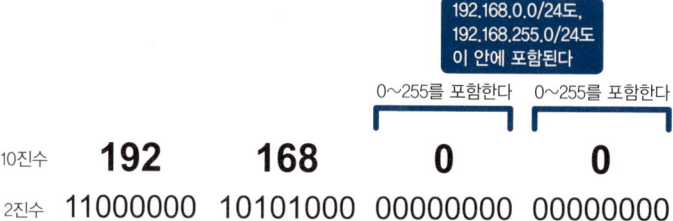

네트워크를 설계할 때 이런 점도 고려하면 이후에 네트워크 구축이나 운용이 용이하고 보수하기 쉬워지므로 꼭 기억해 둡시다.

2.3.7 정적 라우팅과 동적 라우팅

라우터에는 **라우팅 테이블**이 있습니다. 라우팅 테이블에는 네트워크로의 통신을 어떤 라우터로 전달하면 좋은지 기록됩니다. 라우팅 테이블 정보를 관리하는 방법에는 **정적 라우팅**(static routing)과 **동적 라우팅**(dynamic routing) 두 가지가 있습니다.

정적 라우팅

라우팅 테이블을 수동으로 관리하는 기술은 정적 라우팅입니다.

정적 라우팅에서는 네트워크를 구축할 때는 물론, 네트워크 구성을 변경할 때 사람이 직접 모든 라우팅 테이블을 설정합니다.

> **Tip** 구성 관리 툴을 활용하는 등 어느 정도 효율화를 도모하는 경우도 있지만 완전히 자동화된 것은 아닙니다.

동적 라우팅

정적 라우팅에 대해 라우터끼리 정기적 또는 필요에 따라 네트워크 접속 경로에 관한 정보를 교환하고, 이를 바탕으로 라우팅 테이블을 자동으로 설정하는 방법을 동적 라우팅이라고 합니다.

동적 라우팅으로 정보를 교환하는 방식을 **라우팅 프로토콜**이라고 하며, 이것도 몇 가지 종류가 있습니다. 라우팅 프로토콜마다 특성이 다르기 때문에 적절한 설정이 필요합니다. 또 자동이라고 해도 설정만 하면 끝나는 것은 아니고, 도입이나 운용할 때는 어느 정도 손이 갑니다.

비교 및 선정 방침

동적 라우팅을 이용할 때도 운용에 품이 든다면 정적 라우팅만으로 충분하지 않을까 하는 생각이 듭니다.

그런데 여기에서 문제가 되는 것은 네트워크 규모입니다. 라우터 수십 대로 구성되지만, 그다지 구성이 변경되지 않는 네트워크라면 정적 라우팅으로 운용하는 것이 확실히 효율적이라고 할 수 있습니다. 그러나 인터넷 핵심에 해당하는 부분(수많은 네트워크의 접점이 되는 부분)이나 통신 사업자의 대규모 네트워크처럼 그야말로 라우터가 수천수만 대 있는 환경에다 높은 빈도로 네트워크 구성이 바뀌는 경우라면 정적 라우팅 방식으로 운용하는 것은 현실적이지 않습니다.

이런 대규모 네트워크를 운용하고 관리하려고 동적 라우팅이 있는 것이며, 이를 지원하는 기술과 기술자가 존재하는 것입니다.

3장

웹을 구현하는 기술

3.1 웹을 구성하는 구조
3.2 도메인
3.3 HTTP와 웹 기술

3.1 웹을 구성하는 구조

3.1.1 웹과 네트워크

웹(Web)은 World Wide Web(**WWW**)이라는 인터넷에서 제공되는 하이퍼텍스트 시스템입니다. 인터넷이라는 표현은 흔히 웹을 가리키지만, 정확히 말해 웹은 인터넷의 한 기능일 뿐입니다.

하이퍼텍스트란 문서 안에 다른 문서의 위치 정보를 포함시켜 정보를 서로 연관 지어(**하이퍼링크**) 참조할 수 있게 만든 문서입니다. 이 개념을 인터넷상에서 실현한 것이 웹입니다.

1장에서도 언급했지만, 웹은 1989년 유럽 입자물리연구소(CERN)의 팀 버너스 리가 정보 공유 수단으로써 고안한 것이 원형입니다. 그 이후로 몇 번의 개량을 거쳐 오늘에 이르렀습니다.

웹은 HTML로 대표되는 하이퍼텍스트 언어와 네트워크의 네트워크인 인터넷이 융합하여 탄생했습니다(그림 3-1).

▼ 그림 3-1 하이퍼링크로 형성된 웹

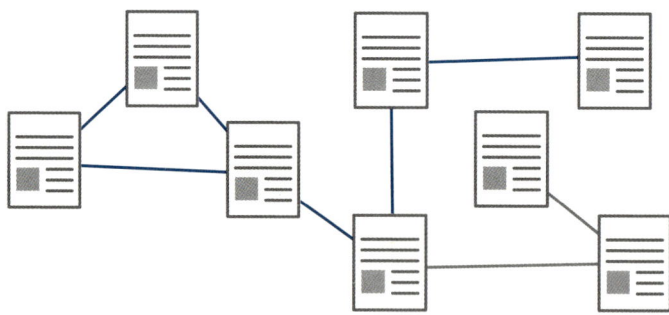

당초에는 문자 정보만 주고받는 단순한 기술이었지만, 웹 서버에서 동작하는 애플리케이션이나 HTML 언어 자체의 사양이 확장되면서 이용 범위가 확대되었습니다. 지금은 전자상거래, 온라인 뱅킹, 게임, 동영상 서비스 등 다양한 용도로 활용됩니다. 웹이란 원래 거미집이라는 뜻인데, 말 그대로 정보망이 거미줄처럼 펼쳐져 있습니다.

웹의 등장으로 전 세계에서 모든 정보를 공유할 수 있게 되었습니다. 인류 역사상 최대 규모로 개인 간 정보 교환이 가능해진 것입니다.

3.1.2 클라이언트와 서버

웹으로 제공되는 서비스 대부분은 서비스를 제공하는 쪽(**서버**)과 서비스를 받는 쪽(**클라이언트**)으로 나뉩니다. 이를 **클라이언트 서버 모델**이라고 합니다(그림 3-2). 서버에 시스템을 설치하고 사용자는 클라이언트에서 서버에 액세스합니다.

▼ 그림 3-2 클라이언트 서버 모델

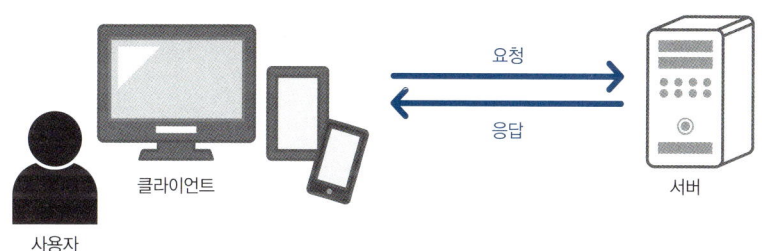

컴퓨터 측면에서 서버와 클라이언트의 차이점을 살펴보겠습니다. 웹 서비스를 예로 들면, 서버는 그 역할의 성격상 유지 보수를 해야 하기 때문에 일시적으로 멈출 수 있지만, 기본적으로는 언제든지 클라이언트 요구에 대응할 수 있도록 24시간 365일 가동해야 합니다.

반면에 클라이언트는 서비스를 이용할 때만 동작합니다. 사용하지 않을 때는 전원을 끌 수 있으며, 항상 동작하는 것은 아닙니다. 또 인간이 사용하므로 편의성이나 휴대성 같은 것을 고려해서 만들고 있습니다.

3.1.3 웹 서버

웹은 클라이언트 서버 모델을 기반으로 하는 시스템으로, 정보 제공자가 웹 서버를 공개하고 사용자가 웹 브라우저를 통해 웹 서버에 있는 정보에 액세스하는(브라우징) 형식을 기본으로 합니다(그림 3-3).

▼ 그림 3-3 브라우징 흐름

웹 서버는 정보를 전송하거나 서비스를 제공하려고 24시간 365일 계속해서 동작하는 컴퓨터를 의미합니다. 아파치(Apache)나 엔진엑스(Nginx)처럼 컴퓨터상에서 웹 서버 기능을 제공하는 구체적인 애플리케이션을 가리켜 웹 서버로 지칭할 때도 있으니 주의하기 바랍니다.

웹 서버의 가장 기본적인 역할은 웹 페이지를 공개하는 것입니다. HTML로 작성된 문서를 인터넷에 공개하는 역할을 담당합니다. 웹 서버에서 애플리케이션을 실행할 수 있는 **CGI**(Common Gateway Interface) 기술로 인터넷에서는 정보를 양방향으로 교환하게 되었습니다. 현재는 서버 사이드 언어나 데이터베이스 등과 연계하여 웹에서 많은 일을 할 수 있게 되었습니다.

3.1.4 HTTP와 HTTPS

HTTP는 서버와 클라이언트 사이에서 데이터를 주고받는 프로토콜입니다. 웹이 처음 만들어질 당시에는 정보 공유를 목적으로 한 시스템이었기 때문에 통신 경로에서 정보를 감출 필요가 없었습니다. 그러나 웹을 이용하는 범위가 확대되면서 입력된 데이터를 웹 서버에 전송할 때는 암호화하여 정보 기밀성을 확보할 필요가 생겼습니다. 그래서 만들어진 것이 HTTPS 프로토콜입니다.

HTTPS는 SSL/TLS 구조로 구현되었습니다. SSL(Secure Sockets Layer)과 TLS(Transport Layer Security)는 인터넷에서 통신을 암호화하여 제삼자가 통신 내용을 훔쳐보거나 조작할 수 없게 하는 기술입니다. SSL은 넷스케이프(Netscape)가 개발한 프로토콜이고, TLS는 SSL을 계승하여 IETF라는 표준화 조직의 TLS 워킹 그룹에서 책정한 프로토콜입니다. 현재 사용되는 것은 SSL이 아닌 TLS이므로 TLS라고만 표기해도 되지만, 여전히 SSL의 지명도가 어느 정도 있기 때문에 SSL/TLS로 병기하거나 그냥 SSL이라고 할 때도 많습니다.

3.1.5 SSL 인증서

SSL/TLS를 웹 사이트에서 이용하려면 SSL 인증서(그림 3-4)가 필요합니다. SSL 인증서란 인증 기관(CA, Certification Authority)이라는 신뢰할 수 있는 제삼자 기관이 이용자(도메인 소유자)에게 발행하는 것입니다.

▼ 그림 3-4 SSL 인증서 보기(https://www.scourt.go.kr/)

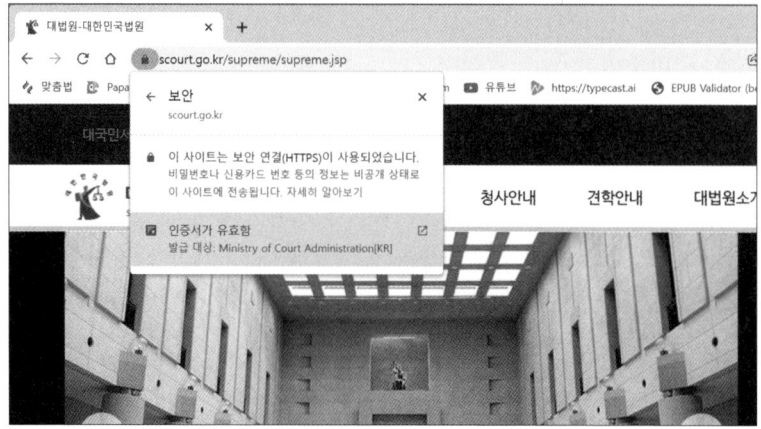

SSL 인증서의 역할

SSL 인증서는 다음 세 가지 목적으로 이용합니다.

1. **데이터 암호화**: 상세한 내용은 6.2.2절에서 설명하겠지만, SSL 인증서에 포함되는 공개 키를 사용함으로써 암호화 통신을 위한 비밀 키를 안전하게 교환할 수 있고, 암호화 통신을 실현할 수 있습니다.
2. **도메인 소유 증명**: SSL 인증서로 해당 도메인은 A가 소유하는 도메인이라는 것을 제삼자인 인증 기관에서 보증합니다.
3. **데이터 변조 방지**: 제삼자 기관이 보증하는 인증서로 암호화된 통신은 변조되지 않고 확실하게 A의 정보임을 보증합니다.

인증 기관 신뢰

어떻게 인증 기관을 신뢰할 수 있을까요? 인증 기관은 인증 기관 운용 규정(CPS, Certificate Practice Statement)이라는 문서를 공개하여 보안 정책을 규정하고, 본사를 둔 국가의 정부 등이 이 문서를 인증함으로써 우리는 인증 기관을 신뢰할 수 있습니다(그림 3-5).

▼ 그림 3-5 인증 기관의 신뢰 확보

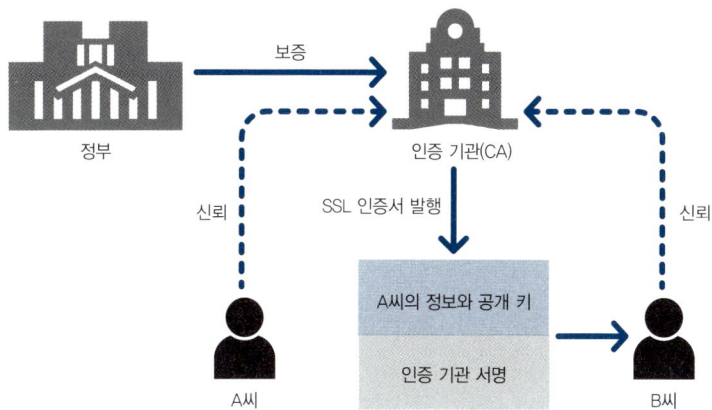

인증 레벨에 따른 종류

SSL 인증서는 인증 레벨에 따라 도메인 인증(DV), 기업 인증(OV), EV 인증(EV) 세 가지로 나눌 수 있습니다. 모든 인증서가 SSL/TLS을 이용한 암호화 통신 기능을 제공하지만, 인증서를 발행하는 조직이 실제로 있는지를 증명하는 범위에는 차이가 있습니다.

- **도메인 인증**(DV, Domain Validation)은 도메인에 등록된 등록자를 확인하고 발행하는 인증서입니다. 도메인 소유만 확인할 뿐 도메인 및 인증서 소유자를 인증하는 것은 아닙니다. 발행 속도가 빠르고 가격이 저렴하여 개인 사이트뿐만 아니라 기업체, 각종 미디어 등에 폭넓게 이용됩니다. 특히 개인 정보나 신용 카드 정보 등 민감한 정보를 주고받지 않고, 검색 엔진 최적화(SEO, Search Engine Optimization) 이유로 항상 SSL을 적용해야 하는 웹 사이트에서 도메인 인증서를 많이 이용합니다.
- **기업 인증**(OV, Organization Validation)은 도메인과 더불어 웹 사이트를 운영하는 조직의 실재성을 인증하는 인증서입니다. 인증서 발행처가 운영 조직의 실재성을 인증하기 때문에 개인 정보나 신용 카드 정보 등 민감한 정보를 주고받는 웹 사이트 등에 이용됩니다.

- **EV 인증**(EV, Extended Validation)은 기업의 실재성과 더불어 소재지를 인증합니다. 인증서로 웹 사이트 운영 조직을 확인할 수 있습니다. 기업의 실재성을 인증한다는 점에서는 기업 인증(OV)과 같다고 생각할 수 있습니다. 그러나 소재지 확인 등 더욱 엄격한 심사를 거치고 시각적으로도 확인할 수 있어 개인 정보나 신용 카드 정보 등 민감한 정보를 주고받는 웹 사이트와 온라인 뱅킹 및 금융 기관과 연계되는 핀테크(Fintech) 서비스를 제공하는 웹 사이트 등에 이용됩니다.

다음은 세 가지 인증서를 비교한 표입니다(표 3-1).

▼ 표 3-1 SSL 인증서 비교

	도메인 인증	기업 인증	EV 인증
암호화 통신	○	○	○
도메인 소유자 확인	○	○	○
조직의 실재성 확인	–	○	○
와일드카드 인증서[1] 대응	○	○	–
발행 대상자	개인, 법인	법인	법인
가격[2]	6,900원/년~	49,000원/년~	400,000원/년~
신뢰성	낮음	중간	높음
용도	• 질문 폼이나 캠페인 응모 등 각종 폼 • 개인 정보 입력은 하지 않는 웹 사이트의 상시 SSL화용	• 개인 정보 입력이 필요한 회원제 사이트 • 신용 카드 정보나 개인 정보 입력이 필요한 EC 사이트	• 개인 정보 입력이 필요한 회원제 사이트 • 신용 카드 정보나 개인 정보 입력이 필요한 EC 사이트 • 기업 사이트, 온라인 뱅킹

○ 계속

---

1 같은 도메인에 속한 복수의 서브 도메인까지 한 번에 보호하는 형태의 인증서입니다.
2 역주 가격은 https://www.koreassl.com/에서 인용했습니다(2022/1/5 기준).

	도메인 인증	기업 인증	EV 인증
장점	• 개인도 이용할 수 있음 • 1년에 1만 원이 안 되는 인증서도 있는 등 낮은 가격 • 신청에서 발행까지 속도가 빠름	• 조직 실재성을 증명 • 와일드카드 인증서를 발행할 수 있음	조직 이름이 표시되어 사이트 신뢰성이 향상
단점	조직 실재성을 증명하지 않음	조직의 실재성을 증명하지만, 브라우저상 표시 기능이 없음	• 와일드카드 인증서를 발행할 수 없음 • 비교적 고가

발행 및 이용 프로세스

끝으로 SSL 인증서 발급과 이용 프로세스를 설명하겠습니다.

우선 SSL 인증서를 취득하고 싶은 A씨(도메인의 보유자)는 인증 기관에 공개 키를 제출합니다. 인증 기관은 대면 등의 수단을 이용하여 A씨가 본인인지, 도메인 보유자인지 등을 확인하고 SSL 인증서를 발행합니다. A씨는 SSL 인증서를 사용하여 자신이 보유한 도메인의 웹 사이트를 암호화합니다. 웹 사이트 이용자 B씨는 SSL 인증서가 신뢰할 수 있는 인증 기관에서 발행한 것임을 확인할 수 있고, 그 웹 사이트의 서비스를 안심하고 이용할 수 있습니다.

3.1.6 URL과 DNS

URL

URL(Uniform Resource Locator)은 인터넷상에서 HTML이나 이미지 등 리소스 위치를 특정할 수 있는 서식으로 탄생했습니다.

URL의 기본 서식은 그림 3-6처럼 **스킴**(프로토콜 + ://)과 서버 주소(또는 호스트 이름 + 도메인)에 다음 두 가지를 /로 연결한 것입니다.

- 디렉터리 이름
- 파일 이름

▼ 그림 3-6 URL의 기본 형태

DNS

웹 사이트 주소를 http://93.184.216.34/news/index.html처럼 IP 주소로 표기한다면 기억하기 어려울 것입니다. 호스트 이름과 도메인으로 바꾸어 http://www.example.com/news/index.html처럼 기억하기 쉽고 쓰기 쉬운 이름을 사용할 수 있습니다. 호스트 이름 + 도메인으로 바꾼 URL은 그림 3-7과 같습니다.

▼ 그림 3-7 호스트 이름 + 도메인을 사용한 URL

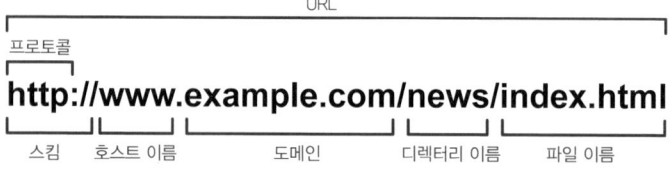

하지만 인터넷에서는 반드시 IP 주소로 접속할 대상을 지정하므로 www.example.com이 93.184.216.34라는 사실을 조회하는 시스템이 필요합니다. 그 시스템을 **DNS**(Domain Name System)라고 합니다.

> *column* ≡ **DNS 이전**
>
> 인터넷 전신인 ARPANET에서는 호스트 이름과 IP 주소를 맵핑한 테이블로 HOSTS.TXT라는 텍스트 파일을 사용했습니다. 그러나 이 방법에는 다음 문제가 있었습니다.
>
> - 접속 호스트 수가 증가하면서 HOSTS.TXT 파일 크기가 커졌습니다.
> - HOSTS.TXT 파일의 갱신 빈도가 늘어나 작업량이 증가했습니다.
> - 마스터 파일을 집중 관리하는 서버의 부하가 증대했습니다.
>
> 이런 문제들을 해결하고자 개발된 것이 DNS 시스템입니다.

DNS는 인터넷상의 거대한 분산 데이터베이스라고 할 수 있습니다. DNS는 **콘텐츠 DNS 서버**와 **캐시 DNS 서버** 두 가지로 구성됩니다. 콘텐츠 DNS 서버는 각 도메인의 바탕이 되는 기본 정보를 가지고 있고, 캐시 DNS 서버는 컴퓨터나 휴대 전화 등 클라이언트가 문의하면 콘텐츠 DNS 서버를 찾아 정보를 요청합니다. 캐시 DNS 서버는 콘텐츠 DNS 서버의 조회 결과를 바탕으로 클라이언트에 정보를 전달합니다.

▼ 그림 3-8 캐시 DNS 서버와 콘텐츠 DNS 서버

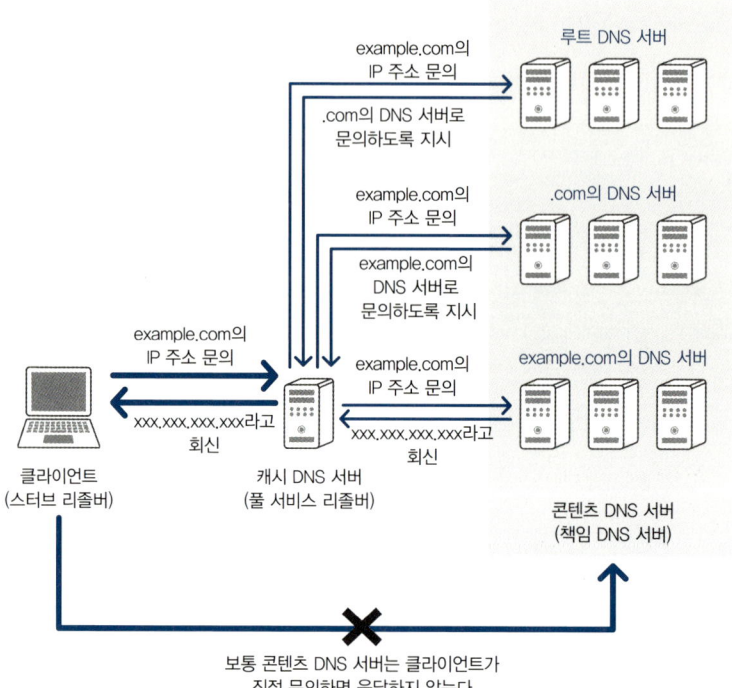

> 실습: DNS 이용하기

윈도 컴퓨터에서 DNS를 이용하여 호스트 이름으로 IP 주소를 가져와 봅시다. 이때 사용하는 명령어가 nslookup입니다.

윈도 **시작** 버튼 옆 검색 박스에 cmd를 입력하고 Enter 키를 눌러 명령 프롬프트를 엽니다. 명령 프롬프트가 열리면 nslookup gilbut.co.kr을 입력하고 Enter 키를 누릅니다(코드 3-1).

코드 3-1 nslookup 명령어 실행 예(접속 사이트: https://www.gilbut.co.kr)

```
> nslookup gilbut.co.kr
서버:    bns1.hananet.net
Address:  210.220.163.82

권한 없는 응답:
이름:    gilbut.co.kr
Address:  49.236.151.220
```

서버와 그 바로 아래 Address는 참조하고 있는 DNS 서버를 나타냅니다. 이 부분의 출력 내용은 실행한 컴퓨터 설정에 따라 다르지만, 그 아래의 권한 없는 응답은 어디에서 실행하든 같은 결과가 표시됩니다.

이번에는 다른 호스트 이름으로 시험해 봅시다. nslookup naver.com을 입력하고 Enter 키를 누릅니다(코드 3-2).

코드 3-2 nslookup 명령어 실행 예(접속 사이트: https://www.naver.com)

```
> nslookup naver.com
서버:    bns1.hananet.net
Address:  210.220.163.82

권한 없는 응답:
이름:    naver.com
Addresses:  223.130.200.104
            223.130.200.107
            223.130.195.200
            223.130.195.95
```

이번에는 응답으로 IP 주소가 4개 나왔습니다. 이것은 **DNS 라운드 로빈**이라는 부하 분산 시스템으로, 문의할 때마다 교대로 IP 주소를 반환함으로써 접속을 분산하는 방법입니다.

3.2 도메인

도메인이란 인터넷상 주소로, 글로벌 IP 주소를 가진 서버가 어디에 있는지 판단하는 정보로 이용됩니다. 글로벌 IP 주소가 있는 서버는 일반적으로 웹 사이트를 가리킵니다. 따라서 도메인이란 웹 사이트의 인터넷상 주소로 이해하면 됩니다.

3.2.1 도메인 관리 기관

도메인은 누가, 어떻게 관리하고 있을까요? 도메인을 전 세계적으로 관리하는 곳은 ICANN이라는 비영리 단체입니다. 그 밖에 도메인을 다루는 조직으로 **레지스트리**와 **레지스트라**가 있습니다.

레지스트리는 도메인 관리 기관으로, 각 도메인 정보의 데이터베이스를 관리합니다. 레지스트리에 따라서 관리하는 도메인이 달라집니다.

레지스트라는 도메인 중개 등록 업체로, 레지스트리가 관리하는 데이터베이스에 직접 도메인 정보를 등록할 수 있습니다. 도메인을 이용하려면 도메인 이름의 소유자가 누구인지, 어느 DNS 서버에서 관리되는지 같은 정보를 레지스트리 데이터베이스에 기록해야 합니다. 이용자가 신청한 정보는 레지스트라를 경유하여 레지스트리의 데이터베이스에 기록됩니다.

▼ 그림 3-9 도메인 관리 기관

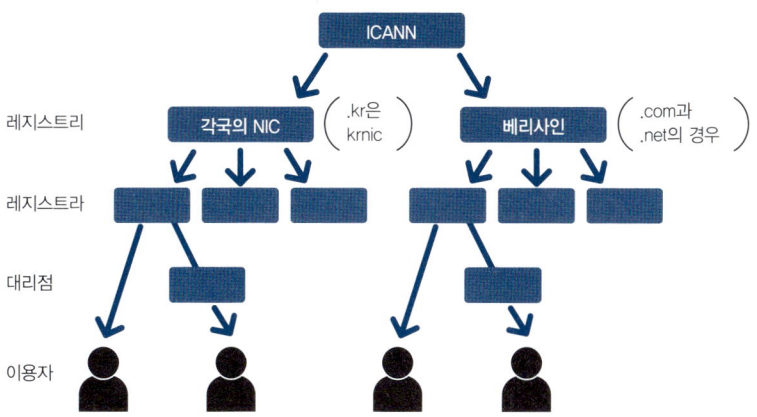

도메인은 레지스트라가 판매하는 것 말고도 레지스트라의 대리점이 판매하는 예도 있습니다. 국내외로 많은 도메인 판매업자가 있는데 레지스트라가 직접 판매하기도 하고, 레지스트라에서 도메인을 도매로 받아 판매하는 대리점도 있습니다. 레지스트라는 레지스트리가 관리하는 데이터베이스에 직접 액세스할 수 있지만, 대리점은 레지스트리가 관리하는 데이터베이스에 액세스할 수 없고 레지스트라를 통해서만 정보를 등록해야 합니다.

다만 이용자 쪽에서는 대리점과 레지스트라는 별 차이가 없습니다. 대리점이라서 불리하고, 레지스트라라서 유리한 경우는 별로 없습니다. 레지스트라와 대리점 모두 업자마다 가격과 취급하는 도메인의 종류가 크게 다릅니다. 그 때문에 '어떤 도메인을 사용하고 싶은가?, 가격은 어떤가?' 하는 관점에서 업체를 선택하는 경우가 많습니다. 한마디로 '이게 정답이다'고 할 수 있는 것은 아니지만, 업체 신용도 같은 것도 선택 요소가 될 수 있습니다.

3.2.2 도메인 종류

도메인은 크게 두 종류로 나뉩니다. **gTLD**(generic Top Level Domain)와 **ccTLD**(country code Top Level Domain)입니다. 둘 다 ICANN이 관리하지만, 도메인 등록 업무 및 데이터베이스 관리 같은 실제 운영 업무는 레지스트리에 위임합니다.

gTLD

gTLD는 전 세계에 등록이 개방된 .com, .net, .org와 등록 제한이 있는 .edu, .gov, .int, .mil 이렇게 일곱 가지 종류로 시작되었습니다. 2000년에 .biz, .info, .name, .pro, .aero, .coop, .museum 일곱 가지 종류가 추가되었고, 2003년에는 .asia, .cat, .jobs, .mobi, .post, .tel, .travel, .xxx가 추가되었습니다.

2012년부터는 새롭게 창설하는 gTLD 수에 제한을 두지 않고 기술적·재무적 요건을 충족하는 조직이라면 신청이 가능해져 지금은 매우 많은 gTLD가 존재합니다. 일반 이용자도 신청할 수 있는 gTLD 이외에 특정 기업이 전용으로 보유한 gTLD도 있습니다. gTLD는 베리사인(Verisign) 등의 회사가 레지스트리가 됩니다. 국내 ICANN 인증 레지스트라로는 가비아, 예스닉, 후이즈 등이 있습니다.

> Tip ✦ gTLD 중에서도 업계 단체가 대표로 스폰서가 되어 창설된 gTLD를 가리켜 sTLD(sponsored Top Level Domain)라고 합니다. 앞서 언급한 gTLD 중에서는 .aero, .coop, .museum, .asia, .cat, .jobs, .mobi, .post, .tel, .travel, .xxx가 sTLD에 해당합니다.

ccTLD(국가 코드 최상위 도메인)

ccTLD는 .kr, .us, .uk, .tv 등 전 세계에 200가지 이상이 있으며, 원칙적으로 그 나라에 사는 사람을 대상으로 합니다. 하지만 어디까지나 원칙이며, 운영은 각국 네트워크 정보 센터(NIC)에 위임하여 다른 나라 사람에게도 도메인을 개방할 수 있습니다.

대한민국의 ccTLD는 .kr이며, 한국인터넷진흥원(KISA)이 레지스트리로서 운영하고 있습니다. .kr의 레지스트라는 가비아, 아이네임즈, 후이즈 등입니다.

3.2.3 DNS 전환

시스템 전환 작업이나 서버 교체 등 IP 주소가 변경되는 사례는 많이 있습니다. 이때 DNS 설정도 함께 변경해야 합니다.

다음 예를 보겠습니다.

> www.example.com의 IP 주소가 203.0.113.1인 상태에서 198.51.100.1인 상태로 변경해야 하는 경우를 생각해 봅시다.

3.1.6절에서 언급한 대로 DNS는 거대한 분산 데이터베이스입니다. 원본이 되는 정보는 콘텐츠 DNS 서버가 가지고 있지만, 인터넷상에 여러 개 존재하는 캐시 DNS 서버에도 복사된 정보가 있습니다(정보를 가지고 있지 않은 경우도 있습니다). 그리고 캐시 DNS 서버는 한 번 문의한 DNS 정보를 캐시로 보관해 둡니다. 얼마나 오래 캐시를 보관할지는 콘텐츠 DNS 서버에 있는 원본 데이터에 정의되어 있습니다.

▼ 그림 3-10 캐시 DNS 서버의 동작

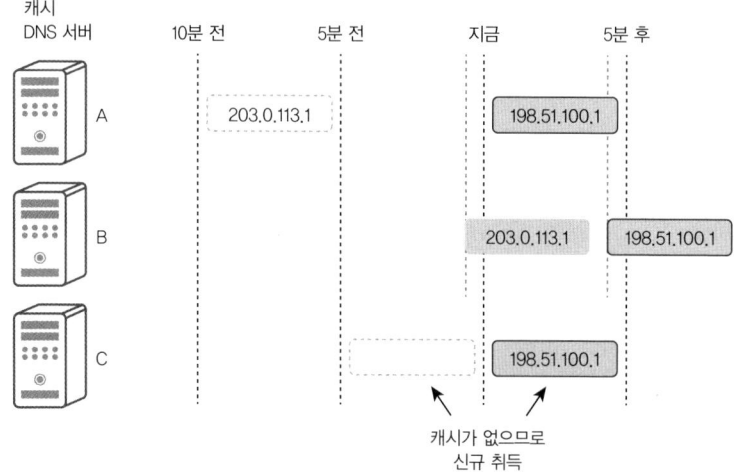

이처럼 캐시 DNS 서버에서 캐시가 사라지고 새로운 정보를 다시 취득할 때 시차가 생깁니다. DNS 정보는 스위치처럼 바로 전환할 수 있는 것은 아니고, 새로운 정보가 구석구석 도달하기까지 시간이 걸립니다. 원래대로 되돌릴 때도 동일하기 때문에 서버 전환에 실패하고 다시 되돌릴 때도 마찬가지로 시차가 발생합니다.

그림 3-10에서는 캐시 시간을 5분으로 설명했지만, 보통은 콘텐츠 DNS 서버에 대한 부하 증가를 피하고자 상당히 캐시 시간을 길게 설정하는 경우가 대부분입니다(예 60분, 8시간, 24시간 등). 그렇기 때문에 서버 시스템을 신속하게 전환하려면 캐시 시간을 짧게 설정할(예 5분 등) 필요가 있습니다.

DNS 정보 변경이 따르는 서버 전환은 이런 DNS의 특성을 잘 이해하고 실행해야 합니다.

3.3 HTTP와 웹 기술

3.3.1 HTTP

HTTP는 웹 브라우저와 웹 서버 간의 상호 작용을 지원하는 프로토콜입니다. HTTP는 데이터를 요청하는 **HTTP 요청**과 그에 응답하여 데이터를 보내는 **HTTP 응답**이라는 두 가지 상호 작용을 반복하여 웹 페이지를 표시합니다. 전체 그림을 그림 3-11에 나타냈습니다.

▼ 그림 3-11 HTTP 요청과 HTTP 응답

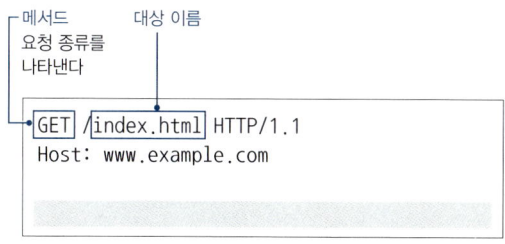

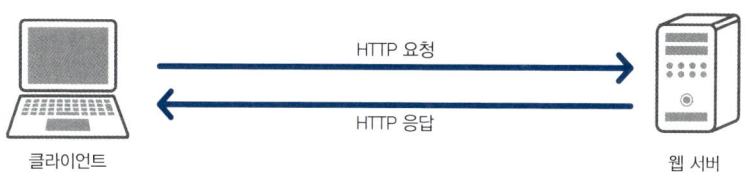

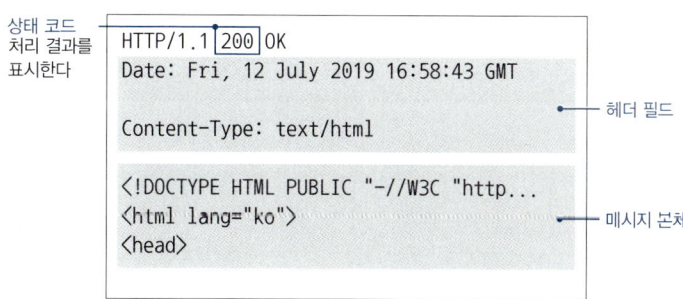

HTTP 요청에는 하고 싶은 처리를 나타내는 **메서드** 이름과 대상 이름이 포함됩니다. 메서드 종류는 주로 다음과 같습니다.

- GET: 리소스를 가져오도록 웹 서버에 요구합니다.
- POST: 웹 서버에 데이터를 송신합니다.
- PUT: 웹 서버에 파일을 업로드합니다.

HTTP 응답에는 처리 결과를 나타내는 상태 코드와 헤더, 실제 처리 결과인 메시지가 포함됩니다. 상태 코드는 주로 표 3-2와 같습니다.

▼ 표 3-2 HTTP 응답의 상태 코드

상태 코드	결과 문구	설명
200	OK	요청이 성공했고, 응답과 함께 요청에 따른 정보가 반환됩니다.
403	Forbidden	금지. 액세스 거부. 액세스 권한이 없는 웹 페이지에 접근하는 경우 등 반환됩니다.
404	Not Found	미검출. 웹 페이지를 찾지 못했습니다.
408	Request Timeout	요청 시간이 초과. 요청이 시간 내에 처리되지 않은 경우에 반환됩니다.
410	Gone	소멸. 리소스가 영구적으로 이동하거나 소멸합니다. 웹 페이지가 없어진 것을 대외적으로 나타내는 데 이용합니다.
500	Internal Server Error	서버 내부 오류. 서버에서 실행 중인 프로그램을 실행하는 데 오류가 발생한 경우 등 반환됩니다.
503	Service Unavailable	서비스 이용 불가. 일시적으로 과부하 또는 유지 보수로 서비스를 이용할 수 없습니다. 접속이 몰려 처리 불능에 빠졌을 경우에 반환됩니다.

> 💡 **실습: HTTP 통신 살펴보기**

구글 크롬(Chrome)에서 개발자 도구를 사용하여 HTTP에서 어떤 정보가 오고 가는지 알아봅시다. 개발자 도구는 구글 크롬의 기본 기능 중 하나이므로 별도로 설치하지 않아도 됩니다.

먼저 확인하려는 웹 페이지를 구글 크롬에서 엽니다. 여기에서는 https://www.google.co.kr을 열어 봅시다. F12 키를 누르면 개발자 도구가 시작됩니다. 위쪽의 Switch DevTools to Korean 버튼을 눌러 한국어로 바꾼 후 **네트워크** 탭을 클릭하세요. 그런 다음 F5 키를 눌러 웹 페이지를 새로 고칩니다. 그러면 그림 3-12처럼 화면이 표시됩니다. 이름 열에는 HTTP 요청 목록이, 상태 열에는 200처럼 HTTP 응답 상태 코드가 숫자로 표시됩니다.

♥ 그림 3-12 구글 크롬 브라우저의 개발자 도구

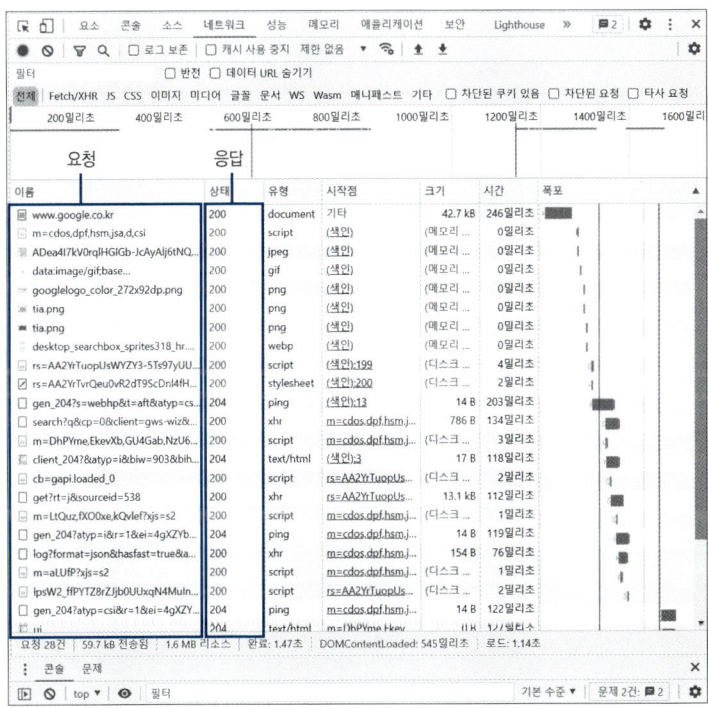

HTTP 응답을 자세히 알아봅시다. 이름 중에서 www.google.co.kr을 선택하고 **헤더** 탭을 클릭합니다. 그러면 HTTP 응답 헤더의 세부 내용이 표시되고 요청 메서드가 GET, 상태 코드가 200임을 읽을 수 있습니다(그림 3-13).

▼ 그림 3-13 HTTP 응답 헤더의 상세 내용

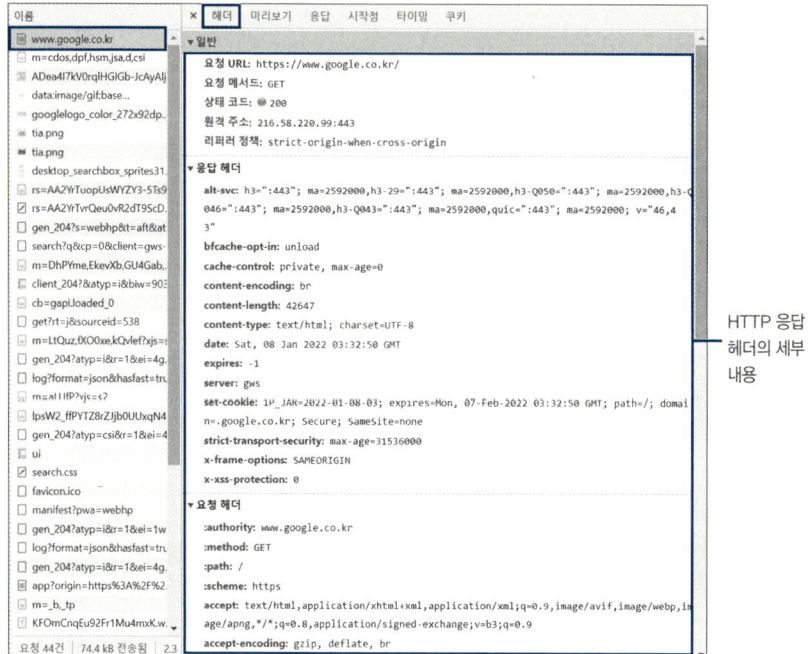

3.3.2 쿠키와 세션

세션은 웹 사이트를 방문해서 수행하는 일련의 행동입니다. 쇼핑 사이트에 액세스하여 장바구니에 상품을 넣고 구매 절차를 진행하는 것처럼 일련의 흐름을 실현하는 기술이라고 하면 상상하기 쉬울까요?

HTTP는 데이터를 요청하고 전송하는 상태 비저장(상태에 대한 정보가 없는) 프로토콜입니다. 그런데 앞서 예를 든 쇼핑 사이트에서 행동을 실현하려면 그 사용자가 무슨 행동을 했는지 '상태'에 관한 정보를 알아야 합니다.

그래서 사용되는 것이 **쿠키**(cookie)입니다. 쿠키란 웹 사이트를 열람한 사용자 정보를 클라이언트가 보관하고, 두 번째 액세스부터는 그 정보를 클라이언트가 서버로 보냅니다. 이렇게 하면 다시 방문할 때 사용자를 식별할 수 있어 사용자의 브라우징 특성에 맞는 광고를 제공하거나 사이트 기능에 대한 설정을 저장하여 웹 사이트의 편의성을 높일 수 있습니다.

세션을 실현하려면 웹 사이트에 접속할 때 **세션 ID**라는 고유 ID가 할당되어야 합니다(그림 3-14). 세션 ID를 이용하여 사용자가 누구인지 식별하고, 제품을 추가하는 등의 정보는 세션 ID에 대응하는 세션 변수에 기록됩니다. 쿠키에 세션 정보를 기록하고, 실제 값(세션 변수 정보)은 서버 측에서 관리하는 방법이 널리 이용됩니다.

▼ 그림 3-14 세션 ID를 이용한 세션 관리

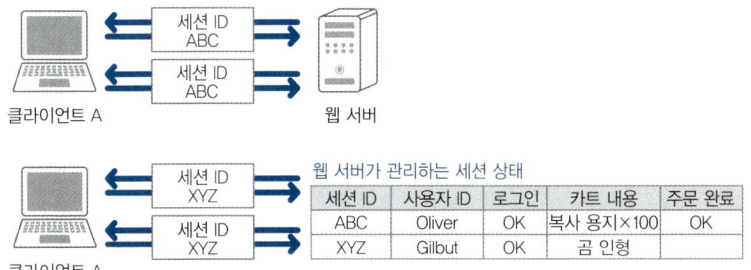

3.3.3 인증

인증은 컴퓨터나 시스템을 사용할 때 필요한 본인 확인 절차입니다. 예를 들어 컴퓨터를 사용할 때 **ID**와 **암호**를 입력하고 로그인합니다. 이 과정은 제삼자가 컴퓨터를 마음대로 사용하지 못하게 하는 데 필요합니다. 시스템을 사용할 때도 마찬가지로 제삼자기 마음대로 사용하거나 제삼자에게 보이지 않도록 하는 인증이라는 메커니즘이 필요합니다.

웹에서 인증은 개인 정보를 바탕으로 서비스를 이용하는 것입니다. ID와 암호로 인증하는 것이 대부분이지만, 최근에는 **다요소 인증**(MFA)이라고 하는 ID와 암호 이외에 일시적으로 발행되는 **일회용 패스워드**(one-time password)를 입력하는 인증 방식도 있습니다. 인증 요소를 늘리면 보안이 강화됩니다. 일회용 패스워드에는 휴대 전화 SMS로 전송되는 것, 전용 일회용 패스워드 생성 소프트웨어를 사용하는 것, 물리적 하드웨어 토큰 기계에 표시된 암호를 사용하는 것 등 여러 종류가 있습니다.

또 특정 서비스의 자격 증명을 사용하여 다른 서비스에 로그인할 수 있는 **위임 인증** 메커니즘도 있습니다. 예를 들어 인스타그램(Instagram)은 메타(Meta Platforms, Inc.)[3]의 인증 정보로도 로그인할 수 있습니다. 이 방식에서 사용되는 기술이 **OAuth**입니다.

기업 시스템의 예

한때 기업의 사내 시스템은 시스템마다 ID와 암호 데이터베이스를 가지고 있는 것이 대부분이었습니다. 그러나 최근에는 **Active Directory**나 **LDAP**라는 **인증 기반**과 연계되어 ID와 암호 하나만 있으면 사내의 어떤 시스템에도 로그인할 수 있습니다.

물론 시스템마다 권한에 따라 접근을 제한할 필요가 있습니다. 회계 부서만 사용하는 회계 시스템에 일반 사원이 로그인할 수 없게 하거나, 인사 부서나 일부 관리자만 열람할 수 있는 인사 정보와 일반 사원이 열람할 수 있는 인사 정보를 나누는 것도 이런 메커니즘으로 정확하게 제어할 수 있습니다.

메일 전송 프로토콜(SMTP)의 예

예전에는 메일 전송 프로토콜인 SMTP에 이메일을 보내는 인증 메커니즘이 없었습니다. 이것이 스팸 메일이 대량으로 발생하게 된 원인 중 하나로, 그 대책

---

3 2004년 페이스북으로 시작하여 2021년에 현재의 사명으로 변경했습니다.

으로 이메일을 보내기 전에 인증하여 본인을 확인하는 **SMTP Auth**라는 인증 기술이 생겨났습니다.

SMTP Auth 기술은 나중에 생겨서 모든 메일 서버가 이 인증 방식을 지원하는 데는 시간이 걸렸습니다. 따라서 SMTP Auth로 이행하는 과도기 때 이메일 수신 프로토콜인 POP 인증을 이용하여 POP 인증에 성공한 경우에만 이메일 전송을 허용하는 **POP before SMTP** 기술이 만들어졌습니다.

현재는 SMTP Auth를 표준으로 사용하지만, POP before SMTP가 사라진 것은 아니고 일부에서는 계속 사용합니다. 또 이메일을 사람만 보내는 것이 아니고 시스템이 자동으로 보낼 수도 있습니다.

일부 구형 시스템에서는 SMTP Auth를 지원하지 않아 그대로 이메일을 보낼 수 없는 경우도 있습니다. 이 경우 대상 시스템이 동작하는 서버의 IP 주소에서 보내는 이메일을 받도록 메일 서버를 설정하여 문제를 회피하기도 합니다. 물론 추천하는 대응 방법은 아니기 때문에 근본적으로 해결하려면 시스템 개조가 요구됩니다.

3.3.4 새로운 기술: HTTP/2, Ajax, Web API

인터넷이 등장하고 오늘날까지 웹에 대한 요구는 계속 바뀌었으며, 시대 요청에 맞추어 웹 테크놀로지도 진화해 왔습니다.

HTTP/2

그 일례가 2015년 2월에 정식으로 승인된 **HTTP/2**라는 HTTP의 새로운 규격입니다. HTTP/2는 HTTP의 메이저 버전업으로 기획된 프로토콜로, 그 기반은 구글이 중심이 되어 개발한 **SPDY** 프로토콜입니다.

HTTP 초기 버전(HTTP/0.9)은 1990년에 만들어졌고, 현재도 널리 사용되는 HTTP/1.1은 1997년에 만들어져 20여 년이 지났습니다. 그러나 HTTP/0.9 이후 '요청 하나에 응답 하나를 반환한다'는 기본 구조는 지금까지 변하지 않았습니다.

HTTP/1.1에서는 동시에 복수의 요청을 보낼 수 있지만, '요청 하나에 응답 하나'라는 기본 구조는 그대로입니다. 그래서 HTML 파일 하나와 이미지 파일 여러 개로 구성된 웹 페이지를 표시할 때도 파일 하나마다 GET 요청을 보내야 합니다.

이를 포함하여 HTTP/1.1 사양에는 다음과 같은 몇 가지 문제가 있었습니다.

- **한 번에 파일 하나밖에 가져올 수 없다**: 자바스크립트(JavaScript), CSS, 이미지 파일 등 많은 리소스를 이용하는 HTML을 로딩하는 데 시간이 걸립니다. 복수의 커넥션을 만들어 전송하는 방법이 이용되는데 접속 수에 제한이 있고 오버헤드(부가적으로 발생하는 처리)가 큽니다.
- **프로토콜이 텍스트 기반이다**: 텍스트 파싱(프로그램에서 다룰 수 있는 데이터로 변환)에 시간이 걸립니다.
- **파일을 가져올 때마다 거의 같은 HTTP 헤더를 송수신한다**: 같은 내용을 송수신하는 만큼 오버헤드가 커집니다.

이런 문제점을 받아들여 HTTP/2는 HTTP와 호환성을 유지하면서 새로운 전송 수단을 제공하여 기존 문제점을 해결하고 좀 더 적은 통신량으로 더 신속하게 주고받을 수 있도록 설계되었습니다. HTTP/2는 커넥션 하나로 복수 콘텐츠를 병렬로 전송할 수 있어 HTTP/1.1보다 효율이 높은 프로토콜이 되었습니다. HTTP/1.1과 HTTP/2의 통신 차이를 그림으로 나타내면 그림 3-15와 같습니다. HTTP/2에서는 index.html 파일을 가져온 후 그 구성 파일에 대한 클라이언트 요청이나 서버 응답을 병렬로 하는 것을 알 수 있습니다.

▼ 그림 3-15 HTTP/1.1과 HTTP/2의 차이점

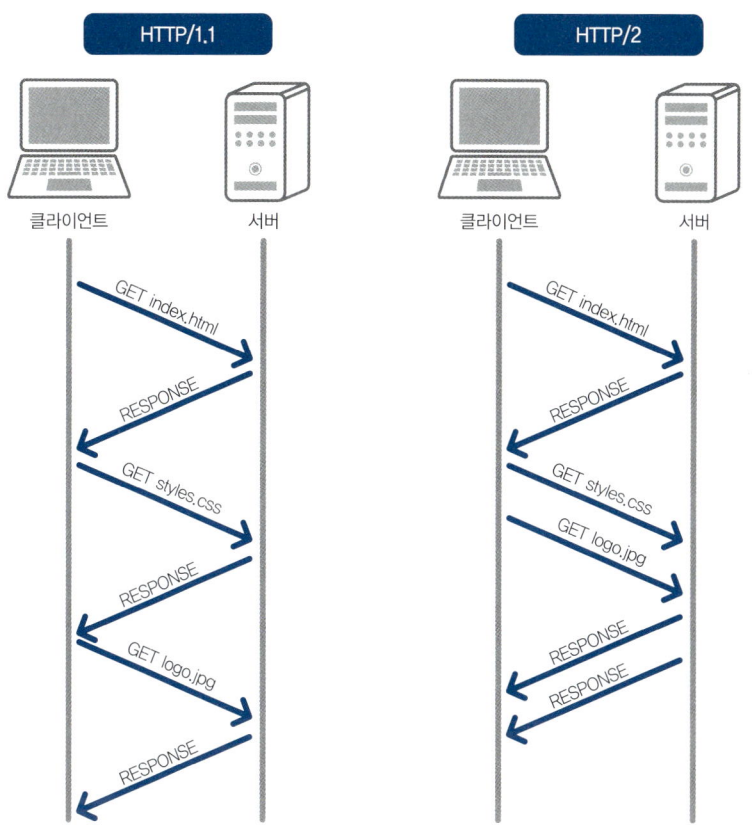

HTTP/2 사양에는 TLS로 암호화된 통신(h2)과 평문 통신(h2c) 두 가지가 정해져 있지만, 파이어폭스(Firefox), 크롬, 엣지(Edge) 등 주요 웹 브라우저는 h2만 지원하고 h2c는 지원하지 않습니다. 아파치, 엔진엑스, H2O 등 주요 서버에서는 h2c도 지원하지만, 이는 리버스 프록시(6.2.5절)와 웹 서버 사이에서 h2c로 평문을 HTTP/2로 주고받는 상황을 고려했다고 볼 수 있습니다. 클라이언트와 서버의 통신에는 h2가 사실상 필수 요건이므로 HTTP/2로 웹 콘텐츠를 전달하려면 SSL/TLS가 꼭 필요하다고 할 수 있습니다.

Ajax

웹의 편의성을 높인 것으로 알려진 **에이젝스**(Ajax)라고 하는 프로그래밍 기법이 있습니다.

에이젝스는 이미 읽은 웹 페이지에서 다시 HTTP 요청을 보내 웹 페이지 전환 없이 데이터를 송수신할 수 있는 기능을 제공하는 **XMLHttpRequest** 기술을 사용합니다. 이 기술을 사용하여 편의를 높인 대표적인 웹 애플리케이션이 구글 맵(https://google.com/maps)입니다. 구글맵은 지도를 이동시키거나 확대, 축소해도 웹 페이지가 바뀌지 않고 필요한 장소만 움직일 수 있습니다. 그 전까지는 조작 하나마다 웹 페이지를 다시 읽어야 했었는데, 에이젝스로 웹 애플리케이션의 편의성이 크게 높아졌습니다.

또 XMLHttpRequest로 비동기 통신은 구현할 수 있지만 서버 측에서 푸시 통신을 하는 등 양방향 통신은 어려웠는데, 이런 점을 해결하고자 **웹소켓**(WebSocket)이라는 기술도 탄생했습니다.

Web API

또 최근에는 각사의 웹 애플리케이션 기능이 **Web API**로 제공됩니다. Web API는 사용자 조작과 상관없이 어떤 웹 애플리케이션에서 다른 웹 애플리케이션을 조작할 수 있는 인터페이스입니다.

Web API의 예는 무수히 많습니다. 예를 들어 위도, 경도 정보를 송신하면 그 지역의 일기 예보 정보를 알 수 있는 Web API나 체크인 앱으로 현재 위치에 체크인함과 동시에 트위터에도 알려 주는 Web API 등을 들 수 있습니다. 또 Web API를 사용하여 웹 애플리케이션 여러 개를 조합하는 것으로 새로운 가치를 낳는 매시업 방법도 등장했습니다.

처음에는 정보 공유 수단으로 만든 웹이지만, 시대가 진보함에 따라 그 활동 범위가 매우 넓어졌다고 할 수 있지 않을까요?

네트워크 장비의 종류

4.1 연결을 위한 네트워크 장비
4.2 방어를 위한 네트워크 기기
4.3 소프트웨어로 조작하는 네트워크

4.1 연결을 위한 네트워크 장비

4.1.1 라우터

먼저 라우터를 설명하겠습니다. 지금까지 여러 번 나온 것처럼 라우터 역할은 쉽게 말해 네트워크와 네트워크를 연결하는 것입니다. 그렇다면 좀 더 구체적으로 말해 라우터는 어떤 일을 할까요?

우선은 가정이나 소규모 사무실의 라우터를 예로 들어 설명하겠습니다. 가정이나 소규모 사무실에서 라우터는 컴퓨터 여러 대로 회선 하나를 함께 사용하는 기능을 제공합니다(그림 4-1).

컴퓨터를 인터넷 회선에 직접 연결하면 연결된 컴퓨터만 외부 네트워크에 접속할 수 있습니다. 라우터를 이용하면 여러 대의 컴퓨터는 물론, 휴대 전화나 태블릿 등도 인터넷 회선을 공용하여 외부 네트워크에 접속할 수 있습니다.

▼ 그림 4-1 소규모 사무실

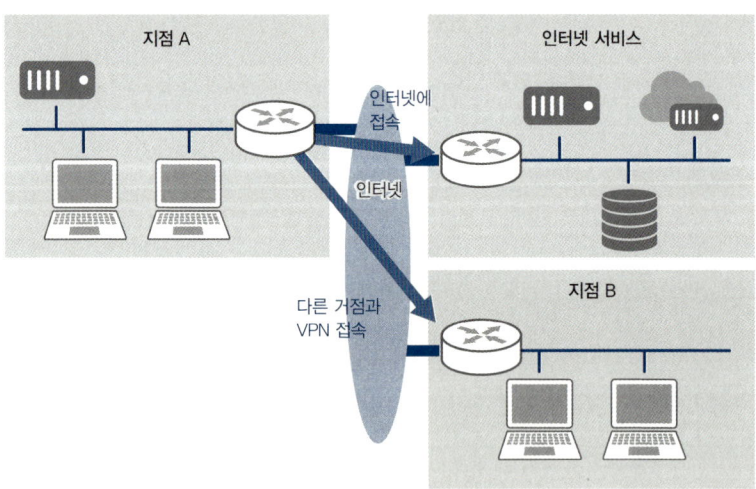

라우터에 연결할 때 유선 랜뿐만 아니라 무선 랜을 사용하는 경우도 있습니다. 매장에 가면 무선 랜 브로드밴드 라우터 같은 것을 판매할 때가 있는데, 이런 라우터는 회선을 공용하는 기능을 제공합니다.

회선으로 접속하는 외부 네트워크로 우선 인터넷을 예로 들 수 있습니다. 소규모 사무실도 거점이 많은 회사의 한 거점이 될 때는 다른 거점과 VPN으로 접속하기도 합니다.

또 라우터에는 DHCP 서버(2.2.1절) 기능이 있어 정해진 범위 안에서 컴퓨터에 IP 주소를 할당하여 충돌이 일어나지 않게 관리합니다. 네트워크에 따라서는 DHCP 서버 기능을 사용하지 않고, 모든 IP 주소를 수동으로 설정해서 관리하는 경우도 있습니다.

4.1.2 스위치

L7 스위치는 여기에 더해 응용 계층의 내용까지 해석해서 데이터를 배분합니다. 특정 사용자와 서버의 연결(세션)을 유지하는 기능은 L7 스위치가 구현합니다. 시스템에 따라서는 여러 서버가 준비되어 있고, 특정 사용자와 통신을 일정 기간 지속해야 하는 것이 있습니다. 예를 들어 웹 사이트에서 쇼핑할 때 등입니다. 이런 상황에서도 다른 서버에 접속되어 데이터에 차이가 생기지 않도록 하는 것이 L7 스위치의 역할 중 하나입니다.

4.2 방어를 위한 네트워크 기기

4.2.1 방화벽과 UTM

방어를 위한 네트워크 기기로 대표적인 것이 방화벽(firewall)입니다. 방화벽은 네트워크가 연결되는 장소에서 통과시켜서는 안 되는 통신을 차단하는 시스템입니다. 방화벽은 7.3.1절에서 자세히 설명합니다.

방화벽이 발전한 형태가 UTM(Unified Threat Management)입니다(그림 4-2). UTM이란 방화벽, VPN, 안티바이러스, IDS/IPS(4.2.3절), 콘텐츠 필터링[1], 안티스팸, 애플리케이션 컨트롤 등의 기능을 한 기기에서 한꺼번에 제공하는 것입니다. 이를 시큐리티 어플라이언스 제품이라고도 합니다.

▼ 그림 4-2 UTM

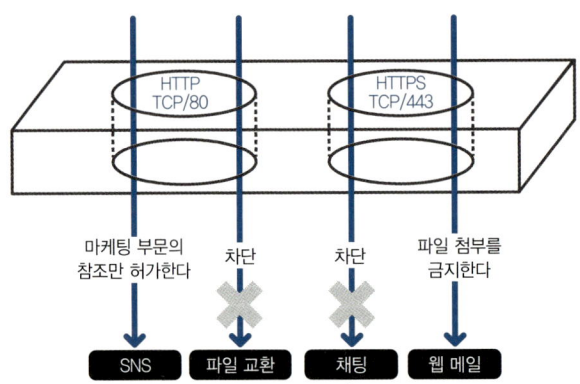

Tip ☆ 나중에 나오는 WAF(Web Application Firewall)는 조금 성격이 다른 보안 제품이기 때문에 UTM에 포함되지 않는 경우가 많습니다.

---

1 역주 콘텐츠 필터링은 데이터 손실을 방지하고자 특정 유형, 파일, 프로토콜 명령 등에 기반하여 트래픽을 차단합니다.

방화벽 기능 자체는 지금도 유용하지만, 좀 더 다각적으로 위협에 대처하고자 UTM이 만들어졌습니다. 최근에는 통신을 애플리케이션 단위로 제어하는 기능을 가진 것도 있습니다. 예를 들어 다음처럼 동작합니다.

- 웹 사이트와 사용자 속성에 근거한 통신 제어

  예 마케팅 부서의 SNS에 대한 참조와 투고는 허가하고, 타 부서의 참조와 투고는 금지합니다.

- 웹 사이트와 행동에 근거한 통신 제어

  예 웹 메일에서 파일 첨부를 금지합니다.

- 웹 브라우저를 사용하지 않는 HTTP/HTTPS 통신 제어

  예 채팅앱이나 파일 교환앱의 통신을 차단합니다.

최근 많은 애플리케이션이 웹을 기반으로 동작하며, 웹 애플리케이션 이외에도 통신에 HTTP/HTTPS를 이용하는 사례가 증가한 것이 이런 기능이 등장한 배경입니다. 따라서 기존 프로토콜 기반의 패킷 필터링으로 할 수 없는 제어를 하여 보안을 강화할 필요가 있습니다.

다양해진 웹 애플리케이션 통신은 기존 패킷 필터로 보면 모두 TCP/80 또는 TCP/443 통신입니다. UTM에는 더욱더 세밀한 애플리케이션 단위의 제어, 예를 들어 조작이나 사용자 속성을 바탕으로 제어하고자 패킷을 보고 '이것은 어떤 애플리케이션의 어떤 통신인가'를 판단하는 기능이 있습니다.

4.2.2 WAF

WAF(Web Application Firewall)는 웹 사이트의 앞쪽에 배치하여 웹 사이트 및 웹 애플리케이션 등을 노린 공격을 방어하는 보안 대책입니다.

WAF로 방어할 수 있는 주된 공격으로는 7.2.2절에서 소개하는 SQL 인젝션이나 크로스사이트 스크립팅, 패스워드 리스트 공격 등을 들 수 있습니다. WAF 종류에는 다음과 같은 것이 있습니다.

어플라이언스 WAF

하드웨어 어플라이언스를 설치하는 형태의 WAF입니다.

소프트웨어 WAF

서버에 소프트웨어를 설치하고 운영하는 형태의 WAF입니다. 웹 서버에 직접 설치하고 운영하는 것과 웹 서버와는 별도의 서버에 설치하여 리버스 프록시(6.2.5절에서 설명)로 운영하는 것이 있습니다.

클라우드형 WAF

클라우드 서비스로 제공되는 형태의 WAF입니다. 웹 사이트에 대한 액세스는 일단 클라우드형 WAF를 경유하여 웹 서버에 도달합니다.

WAF를 이용할 때 주의

모든 WAF에서 공통인 것은 도입할 때 사전 검증을 철저히 하는 것입니다. 도입 후에도 애플리케이션이 정상적으로 동작하는지, 응답에는 문제가 없는지 등을 확인해야 합니다.

공급업체에서 구매(또는 서비스 계약)할 때는 실제 도입 전에 사전 검증에 협력해 주는지 등을 확인하는 것이 좋습니다.

4.2.3 IDS/IPS

IDS(Intrusion Detection System)(침입 탐지 시스템)와 IPS(Intrusion Prevention System)(침입 방지 시스템)는 네트워크에서 침입을 탐지하고 방지하는 데 이용되는 시스템입니다(그림 4-3). 모두 보호 대상에 대한 침입을 탐지하는 데 사용됩니다. 그러나 시스템을 '탐지, 통지, 방지'라는 세 가지 역할로 나누어 생각하면 IDS는 '탐지'와 '통지'를 하고, IPS는 '탐지'와 '통지' 및 '방지'를 한다고 할 수 있습니다. 덧붙여 현재는 이 둘을 거의 구별하지 않고 **IDS/IPS**처럼 병기하는 경우도 많습니다.

▼ 그림 4-3 IDS/IPS

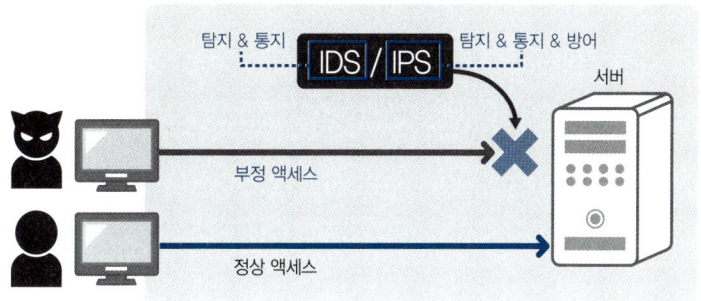

IDS/IPS의 탐지 방법에는 **시그니처**(signature)**형**과 **어노멀리**(anormaly)**형** 두 종류가 있습니다. 시그니처형이란 알려진 공격 패턴 등 비정상인 통신 패턴을 데이터베이스에 보관하고, 통신 내용이 일치하는 경우에 비정상으로 판단하는 탐지 방법입니다. 어노멀리형은 그 반대로 정상적인 통신 패턴을 데이터베이스에 보관하고, 통신 내용이 비정상이라고 의심되는 경우에 부정으로 판단하는 탐지 방법입니다.

시그니처형은 비정상인 패턴을 매칭하므로 오탐지가 적지만, 데이터베이스에 등록되지 않은 알려지지 않은 부정 액세스 패턴은 탐지할 수 없는 단점이 있습니다. 반면에 어노멀리형은 미지의 공격도 어느 정도 탐지할 수 있다는 장점이 있지만, 시그니처형보다 오탐지가 많아진다는 단점이 있습니다.

이처럼 각 방식에는 장단점이 있기에 공격에 따라 어느 방식을 채용해야 하는지, 차단해야 하는지, 통지에 그쳐야 하는지 등이 IDS/IPS 운용의 포인트가 됩니다. 우선은 '탐지'와 '통지'만으로 가동하여 로그를 수집한 후 공격 패턴마다 '방어'할지 '통지'에 그칠지 등을 튜닝해서 실제 운용 단계로 전환해 갑니다.

4.2.4 각각의 관계성

마지막으로 지금까지 등장한 방화벽, IDS/IPS, WAF, UTM 각각의 관계성을 정리해 보겠습니다.

방화벽은 3계층/4계층 수준에서 방어하는 기본적인 보안 시스템이고, IDS/IPS는 좀 더 애플리케이션에 가까운 방어를 주로 하는 등 각각 특성이 다릅니다. 따라서 필요에 따라 같이 사용하는 것이 좋습니다. 구체적으로는 다음 방식으로 사용합니다.

- 방화벽은 가장 기본적인 보안 시스템으로 반드시 사용합니다.
- IDS/IPS는 필요에 따라서 이용 여부를 결정합니다.

또 방어 대상이 웹 애플리케이션이라고 확실히 정해져 있다면 웹 애플리케이션 방어에 특화된 WAF를 병용하는 것도 고려해야겠지요.

UTM은 그전까지 개개의 기기로 제공되던 기능을 통합한 것인데, 방화벽과 IDS/IPS를 탑재한 기기는 많지만 WAF를 포함하는 기기는 많지 않습니다.

4.3 소프트웨어로 조작하는 네트워크

4.3.1 SDN

SDN(Software Defined Network)이란 소프트웨어를 이용하여 유연하게 정의할 수 있는 네트워크를 만드는 기술 혹은 그런 콘셉트를 의미합니다.

물리적인 네트워크에서는 네트워크 기기나 서버를 추가하거나 네트워크 구성을 변경할 때 실제로 기기를 설치하거나 케이블을 꽂고 빼는 작업이 필요합니다. 그리고 공유기와 스위치, 방화벽 등 설정도 각각 변경해야 합니다.

SDN에서는 **SDN 컨트롤러**라는 소프트웨어로 논리적인 네트워크를 한곳에서 집중 관리합니다. 네트워크를 한곳에 모아서 관리하면 개별적으로 기기를 일일이 설정하지 않아도 되니 효율이 높아집니다(그림 4-4).

❤ 그림 4-4 SDN과 SDN 컨트롤러

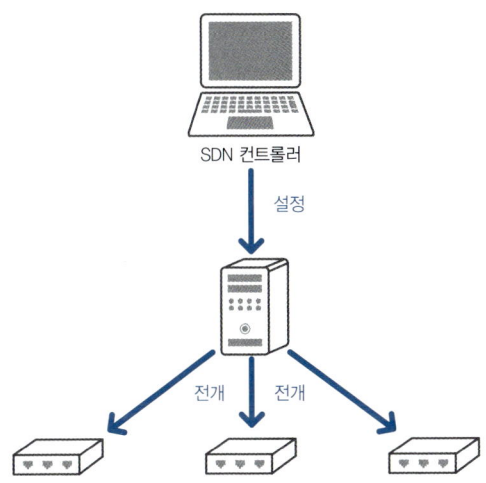

OpenFlow

SDN의 구체적인 구현으로 널리 알려진 기술 중 하나가 바로 **오픈플로**(OpenFlow)입니다. 기존 네트워크 기기에서는 경로 제어와 데이터 전송이 한 네트워크 장비로 구현되어 있습니다. 각각의 네트워크 기기가 설정에 따라 경로를 제어하고 데이터를 전송하면 부분적인 장애에 강하다는 장점이 있지만, 네트워크 전체에서 본 경로 선택이나 통합적인 관리가 어렵다는 문제점을 안고 있습니다.

오픈플로는 경로를 제어하는 오픈플로 컨트롤러와 실제 데이터를 전송하는 오픈플로 스위치로 구성되어 있으며, 네트워크를 전체적으로 보았을 때 경로 선택이나 통합적인 관리를 할 수 있습니다.

오픈플로를 구현하는 방식에는 그림 4-5처럼 오버레이 방식과 홉 바이 홉 방식 두 종류가 있습니다.

▼ 그림 4-5 오픈플로 구현 방식

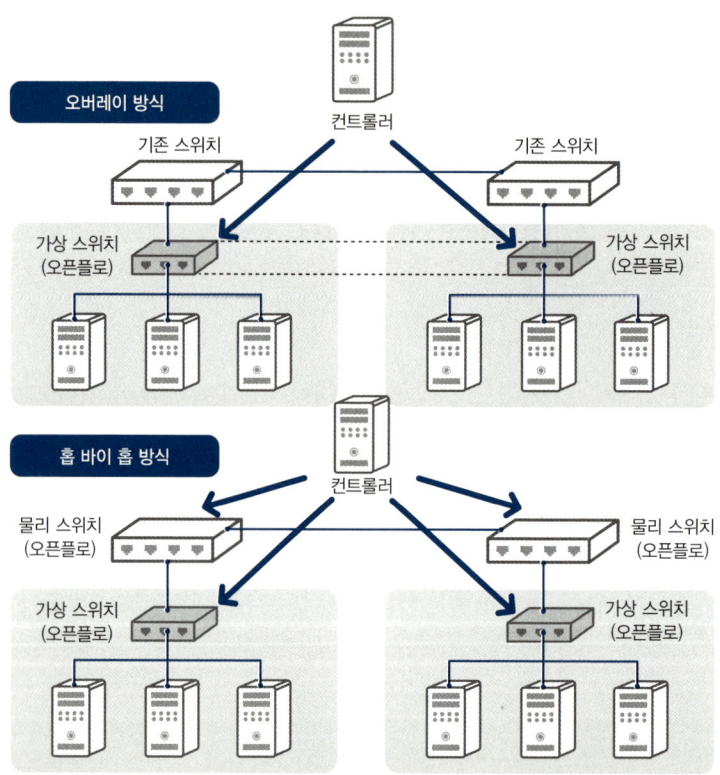

오버레이 방식은 가상 서버를 오픈플로를 지원하는 가상 스위치와 연결하여 물리 서버를 걸친 가상 랜을 구성하는 것입니다. 기존 네트워크 기기 등을 활용하면서 도입할 수 있다는 장점이 있는 한편, 네트워크 전체를 보았을 때 세밀하게 경로를 제어할 수 없다는 단점이 있습니다.

홉 바이 홉 방식은 네트워크 기기도 오픈플로를 지원하는 기기를 이용함으로써 오픈플로가 지향하는 전체 기능을 활용하는 것이 목표입니다. 오픈플로를 지원하는 네트워크 기기로 네트워크를 구성하고, 오픈플로 컨트롤러가 물리 네트워크 기기와 가상 스위치를 모두 통합해서 제어하므로 네트워크 경로나 대역을 유연하게 제어할 수 있습니다.

오픈플로에는 많은 장점이 있지만, 기존 네트워크 기술과 비교하면 아직 발전 중인 신기술이므로 앞으로 발전이 기대됩니다.

4.3.2 SD-WAN

SD-WAN은 SDN을 랜뿐만 아니라 왠으로도 확대하려는 것이며, 소프트웨어로 자동화된 도입과 운용이 가능한 왠입니다.

SD-WAN의 특징은 다음 세 가지로 정리할 수 있습니다.

- 소프트웨어로 집중 관리
- 신규 거점 도입의 용이성
- 가상화 기반이나 IaaS형 클라우드와의 친화성

기존 왠은 기기마다 설정하여 접속했지만, SD-WAN은 SDN과 마찬가지로 소프트웨어 컨트롤러로 집중적으로 관리하는 것이 목표이며, 단일 관리 화면에서 각종 설정을 할 수 있습니다. 또 새롭게 접속 거점을 추가할 때도 현장에 네트워크 엔지니어가 가지 않고 도입할 수 있다는 점도 특징 중 하나입니다.

SD-WAN은 소프트웨어로 구성되어 있으며, VMware 같은 가상화 기반이나 AWS, 마이크로소프트 애저(Microsoft Azure) 등 IaaS형 클라우드용 가상 어플라이언스도 준비되어 있어 이들과 친화성이 높습니다(그림 4-6).

▼ 그림 4-6 SD-WAN

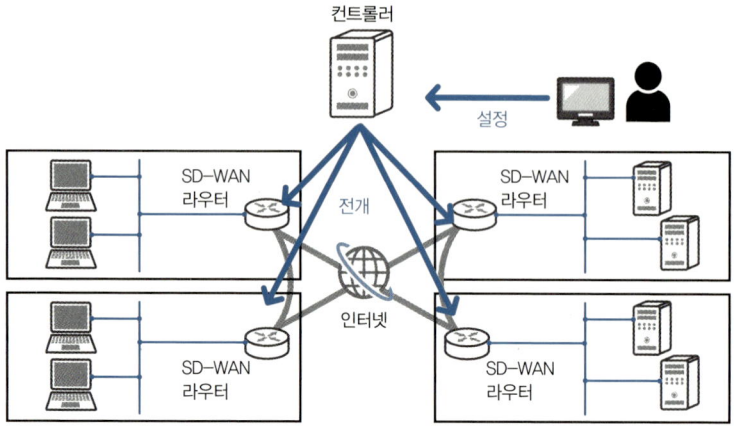

5장

인터넷 서비스의 기반

5.1 클라우드와 네트워크의 관계
5.2 클라우드 서비스와 호스팅 하우징
5.3 네트워크와 애플리케이션

5.1 클라우드와 네트워크의 관계

5.1.1 클라우드와 네트워크

클라우드(클라우드 컴퓨팅)는 컴퓨터를 이용하는 형태 중 하나입니다. 인터넷 등 네트워크를 통해 서버가 제공하는 서비스를 주위의 컴퓨터나 휴대 전화로 이용하는 것입니다.

컴퓨터 세계에서 클라우드라는 단어는 복잡하게 연결되는 인터넷을 구름에 비유하여 표현한 데에서 시작되었습니다. 그림 5-1처럼 클라우드 서비스는 사용자가 보았을 때 클라우드(구름) 안에 각종 서비스가 있습니다.

▼ 그림 5-1 클라우드 이미지

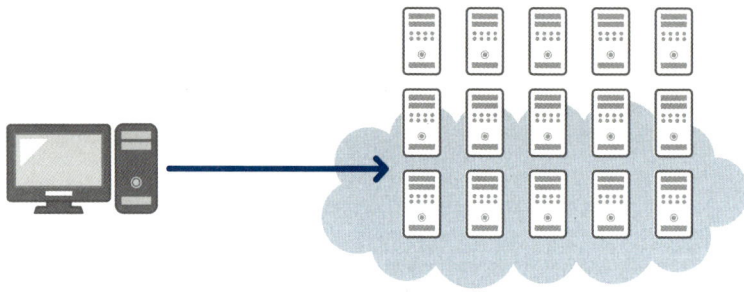

그림 5-1처럼 클라우드는 네트워크 너머에 있습니다. 따라서 네트워크를 이해하는 것은 매우 중요합니다. 네트워크가 없으면 다양한 클라우드 서비스를 이용할 수 없으며, 클라우드 서비스를 이용해서 무언가를 실현할 수도 없습니다.

또 사용자와 서비스가 네트워크로 연결되어 있을 뿐만 아니라 클라우드 안에도 네트워크가 있어 애플리케이션 구성에 영향을 미칩니다. 예를 들어 웹 서버는 인터넷과 접하는 위치에 있고 인터넷과 직접 통신할 수 없는 네트워크를 거쳐 DB 서버에 연결되는 경우를 들 수 있습니다.

웹 서버를 인터넷에 연결할 때 얼마나 많은 대역폭이 있는지도 중요합니다. 이 점은 서비스에 따라 다르지만, 방대한 대역폭을 공유하고 있어 특별히 제한 없이 자유롭게 늘리고 줄일 수 있는 네트워크 대역이 있다고 생각하게 합니다. 그러나 클라우드라고 해도 실제로는 물리적인 서버와 네트워크 기기로 구성되어 있기에 물리적인 한계는 반드시 존재합니다. 그 물리적인 한계를 얼마나 사용자가 의식하지 않게 하는가에서 클라우드 서비스 사업자의 실력이 드러난다고 할 수 있습니다.

5.1.2 클라우드의 종류

클라우드는 제공 범위에 따라 몇 가지로 분류됩니다. IaaS(Infrastructure as a Service)는 컴퓨터나 네트워크를 가상으로 만들어서 이용하는 형태입니다. PaaS(Platform as a Service)는 데이터베이스나 애플리케이션을 실행할 수 있는 환경 등을 서비스로 제공하는 형태입니다. IaaS와 조합해서 이용하는 경우도 많습니다(그림 5-2).

❤ 그림 5-2 IaaS와 PaaS

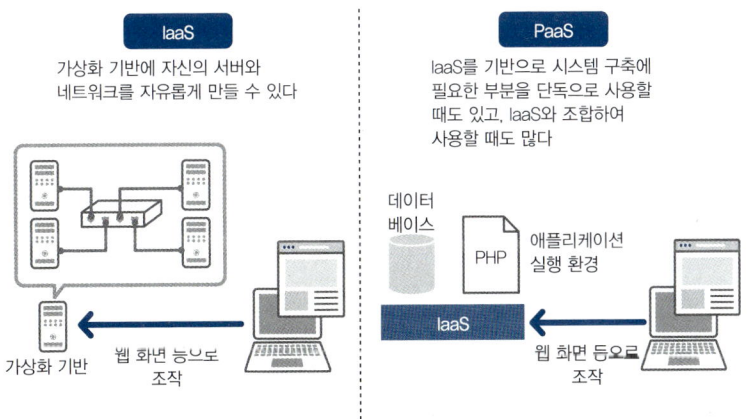

SaaS(Software as a Service)는 완제품 소프트웨어를 네트워크로 서비스하는 형태입니다(그림 5-3).

▼ 그림 5-3 SaaS

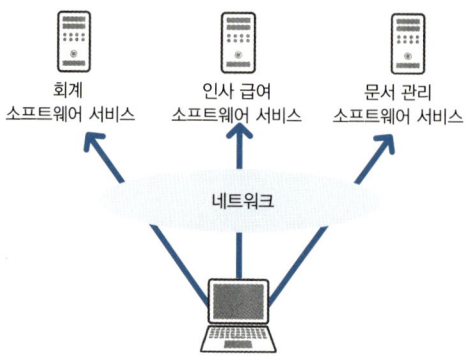

소프트웨어를 구입해서 이용할 때와 차이점을 표 5-1에 정리했습니다.

▼ 표 5-1 패키지 소프트웨어와 SaaS의 차이점

구분	요금 체계	제공 범위	이용 방법	버전 업
패키지 소프트웨어	제품 구매	소프트웨어 사용권	컴퓨터에 소프트웨어 설치	새 버전 구매
SaaS	월 또는 연간 요금	소프트웨어 및 서비스	인터넷을 경유해서 이용	자동으로 업데이트

IaaS, PaaS, SaaS의 차이점을 그림 5-4에 정리했습니다.

▼ 그림 5-4 IaaS, PaaS, SaaS의 차이점

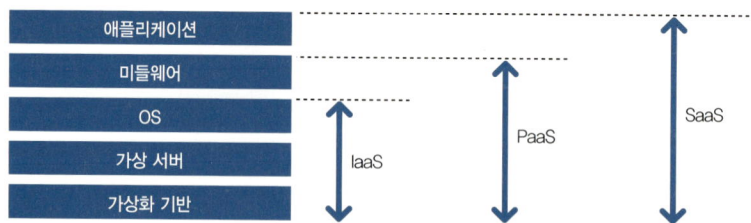

5.1.3 클라우드의 편리성

클라우드가 없던 시절에는 새로운 인터넷 서비스를 시작하려면 우선 서버로 사용할 컴퓨터를 사거나 빌려야만 했습니다. 초기 투자가 필요했고, 실제로 사용하기까지 시간이 걸렸습니다. 그리고 서비스가 확대되면 컴퓨터를 늘려야 하고, 늘려야 할 때 바로 늘릴 수도 없었습니다. 또 서비스를 중단하면 소유하던 컴퓨터가 남게 됩니다. 클라우드는 이런 문제를 다음처럼 해결했습니다.

- **곧바로 사용한다**: 웹 브라우저에서 서버를 생성할 수 있고, 명령어로 자동화할 수도 있습니다.
- **사용한 만큼만 돈이 든다**: 초기 비용이 들지 않고 시간 단위로 과금됩니다.
- **쉽게 늘리고 줄일 수 있다**: 소유하지 않고 사용합니다.

또 새로 사업을 시작했다고 합시다. 이때 회계 소프트웨어나 청구서 발행 소프트웨어, 인사 소프트웨어 등을 매번 구매해서 설치하는 것은 힘듭니다. 하지만 이제는 이 중 많은 부분이 SaaS로 제공되므로 필요한 소프트웨어를 골라 계약하면 바로 사용할 수 있습니다.

이처럼 '소유'에서 '이용'으로 변화함에 따라 편리함을 누릴 수 있게 되었는데, 앞서 설명했듯이 클라우드는 모두 네트워크 저편에 있습니다. 따라서 클라우드 시대가 되어도 네트워크를 배우는 의미가 있다고 할 수 있습니다.

5.2 클라우드 서비스와 호스팅 하우징

5.2.1 대표적인 클라우드 서비스

그렇다면 세상에는 어떤 클라우드 서비스가 있을까요? 여기에서는 대표적인 것을 소개하겠습니다. 물론 여기에 소개한 것 외에도 많은 클라우드 서비스가 있습니다.

Amazon Web Services

아마존 웹 서비스(AWS, Amazon Web Services)는 아마존이 제공하는 클라우드 플랫폼(IaaS, PaaS)입니다. 웹 서비스라고 하지만, 이는 AWS가 등장했을 당시에는 클라우드라는 말이 일반적이지 않았기 때문입니다. 오늘날의 AWS는 웹 서비스에 국한되지 않고 다양한 플랫폼 서비스를 제공합니다. 매우 많은 서비스를 제공하는 것으로 유명하며, 그중에서도 대표적인 것은 EC2(가상 서버), S3(오브젝트 스토리지), RDS(관계형 데이터베이스 서비스) 등입니다. 2018년 조사에서 AWS의 전 세계 시장 점유율은 33% 내외로 1위를 차지했습니다.

Microsoft Azure/Microsoft 365

마이크로소프트 애저(Microsoft Azure)는 마이크로소프트가 제공하는 클라우드 플랫폼(IaaS, PaaS)입니다. 2018년 조사에서 AWS의 전 세계 시장 점유율은 33%였고, 그 뒤를 이어 애저가 13%로 세계 2위를 차지했습니다. 또 마이크로소프트는 애저 외에도 Microsoft 365(예전에는 Office 365)라는 오피스 제품의 구독 서비스를 제공합니다. Microsoft 365 내에서 Exchange Server(전자메일 호스팅 서비스), Share Point(파일 서버 서비스) 등도 함께 제공하므로

SaaS로 분류됩니다. 마이크로소프트는 전통적으로 오피스 스위트나 기업용 서버에 강하며, 애저와 Microsoft 365의 매출을 합산하면 클라우드 서비스의 매출이 세계 1위입니다(이 때문에 클라우드 분야에서 마이크로소프트가 아마존을 앞질렀다고도 하는데, 틀린 말은 아니지만 정확하지 않은 내용으로 보도된 적이 있습니다).

Google Cloud Platform

구글 클라우드 플랫폼(GCP, Google Cloud Platform)은 구글이 제공하는 클라우드 플랫폼(IaaS, PaaS)입니다. 구글 내부에서 사용하는 것과 동일한 서비스 플랫폼을 제공하는 것이 특징입니다. 다른 클라우드 플랫폼과 마찬가지로 가상 서버나 객체 스토리지, 관계형 데이터베이스 서비스 등을 제공하는 한편, 쿠버네티스(Kubernetes)의 개발원이라는 점에서 컨테이너용 플랫폼 서비스에 강하다고 알려져 있습니다.

Firebase

파이어베이스(Firebase)는 2011년에 파이어베이스사가 개발한 서비스로, 2014년에 구글에 인수되어 지금은 GCP 기능 중 하나로 자리 잡았습니다. mobile Backend as a Service(mBaaS)로 부르는 서비스로 데이터베이스, 스토리지, 메시징 등 모바일 애플리케이션에 필요한 기능을 서버를 의식하지 않고 사용할 수 있는 것이 특징입니다.

Heroku

헤로쿠(Heroku)는 Platform as a Service(PaaS)로 웹 서버나 데이터베이스 같은 웹 서비스를 공개하는 데 필요한 모든 것을 미리 준비해 주는 서비스입니다. 서버, OS, 데이터베이스, 프로그램 실행 환경 등 웹 애플리케이션을 공개하는 데 필요한 기능을 세트로 제공하는 것이 특징입니다.

KT 클라우드

통신 사업자이자 데이터 센터 사업자인 KT의 클라우드 인프라 서비스는 가격 면에서 경쟁력이 있습니다. 또 국내 클라우드 제공사 중 매출 규모가 가장 크고, 2016년 공공 기관 전용 클라우드 서비스인 G-클라우드를 출시하고 헌법재판소 등 다수 공공 기관에 클라우드 서비스를 제공하며 사업 영역을 확대하고 있습니다.

네이버 클라우드 플랫폼

2017년에 카테고리 6개의 제품 22개로 서비스를 시작했습니다. 라인, 네이버 웹툰 등 자회사들이 네이버 클라우드 플랫폼을 이용하고 있고, SK 텔레콤, LG U+ 등 대기업도 네이버 클라우드 플랫폼 서비스를 도입했습니다. 스타트업 지원도 풍부합니다. 국내 사업자 중 최대 보안 인증을 확보하여 공공 기관 전용 서비스를 출시하는 등 일반 기업 이외에 공공, 금융, 의료 분야로도 사업 영역을 확대하고 있습니다.

5.2.2 호스팅, 하우징

지금까지 소개한 것처럼 현재는 다양한 서비스가 클라우드로 제공됩니다. 물론 그 이전에도 서버를 대여하는 서비스가 있었고 지금도 제공합니다. 예를 들어 워드프레스(블로그)나 EC-CUBE(전자상거래 솔루션) 같은 애플리케이션을 실행하기 위해 서버를 임대해서 사용할 수 있습니다. 여기에서는 클라우드 이전부터 존재했으며, 지금도 사용되는 호스팅이나 하우징 서비스를 설명합니다.

호스팅은 호스팅 사업자가 서버를 보유하고 사용자에게 대여하는 서비스를 총칭합니다. 호스팅에는 렌탈 서버, 전용 서버, VPS(Virtual Private Server) 등이 있습니다.

렌탈 서버는 물리 서버 한 대를 여러 사용자가 함께 사용하는 형태입니다. 사용자들은 서버의 하드웨어 리소스뿐만 아니라 OS도 함께 사용합니다. 이 때문에 렌탈 서버에서는 애플리케이션을 직접 설치할 수 없고, 렌탈 서버에서 제공하는 웹 서버나 애플리케이션이 동작할 수 있는 환경 및 데이터베이스를 이용합니다. 각 사용자의 데이터는 논리적으로 분리되어 있어 다른 사용자의 데이터는 볼 수 없습니다.

전용 서버는 물리 서버 한 대를 점유할 수 있는 서비스입니다. 한 대를 통째로 자신의 서버로 사용할 수 있으므로 다른 사용자의 부하 영향 등을 받지 않고 OS나 애플리케이션도 자유롭게 설치할 수 있습니다. 그 대신 비용은 렌탈 서버보다 비쌉니다.

VPS는 렌탈 서버와 전용 서버의 장점을 취한 서비스로, 물리 서버 한 대를 여러 사용자가 공용하지만 가상화 기술을 이용해서 가상 서버를 물리 서버 안에 많이 만들 수 있습니다. 따라서 VPS에서 제공되는 환경은 전용 서버와 동일하고, OS 및 애플리케이션을 자유롭게 설치할 수 있습니다.

지금까지 소개한 호스팅 서비스는 서비스 제공 사업자가 물리 서버의 하드웨어 유지 보수 및 운용을 합니다. 그 밖에도 **하우징**이라고 해서 데이터 센터 사업자가 랙(전용 선반)을 대여해 주고, 랙 안에 사용자가 직접 구매한 네트워크 기기나 서버 등을 탑재합니다. 경우에 따라서는 사용자가 네트워크 회선을 끌어올 수 있는 서비스도 있습니다(데이터 센터 사업자가 제공하기도 합니다).

5.3 네트워크와 애플리케이션

5.3.1 일반적인 웹 DB 시스템

그림 5-5에서 대표적인 콘텐츠 관리 시스템(CMS, Content Management System)인 워드프레스 환경을 예로 들어 네트워크 애플리케이션이 어떻게 구성되는지 살펴보겠습니다.

▼ 그림 5-5 워드프레스를 사용한 웹 시스템의 예

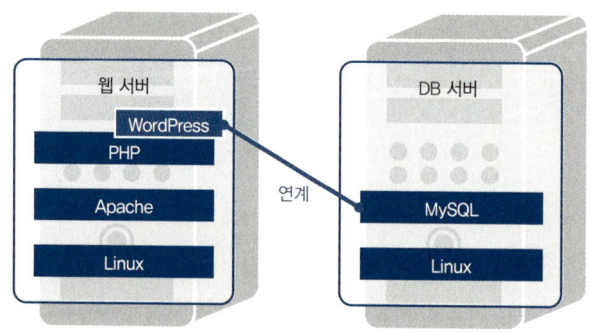

워드프레스를 동작시키려면 웹 서버와 DB 서버가 필요합니다. 그리고 워드프레스는 PHP 프로그래밍 언어로 만들어졌기 때문에 PHP 실행 환경도 필요합니다.

5.3.2 구성하는 소프트웨어

OS

프로그램을 실행하려면 우선 기반이 되는 OS가 필요합니다. OS에는 다음과 같은 것이 있습니다.

먼저 **윈도**(Windows)입니다. 윈도는 마이크로소프트에서 개발한 OS입니다. 개인용 컴퓨터에서 압도적인 점유율을 자랑하며, 서버 용도로는 윈도 서버(Windows Server) 에디션이 있습니다.

다음은 **리눅스**(Linux)입니다. 리눅스는 주로 인터넷을 위한 서버 용도로 널리 사용되는 OS입니다. 윈도와 뒤에서 설명할 macOS는 기업이 개발한 반면, 리눅스는 비영리 커뮤니티에서 개발하는 것이 특징입니다. 무료로 이용할 수 있는 배포판, 기업이 서비스를 제공하는 대신 라이선스를 사서 이용하는 배포판 등 여러 종류가 있습니다.

그 밖에 애플에서 만드는 컴퓨터인 Mac 시리즈에 탑재되는 macOS도 있습니다. 예전에는 서버 용도로 사용했지만, 현재는 일반 컴퓨터용으로만 사용합니다.

웹 서버 소프트웨어

웹 서버는 OS에 웹 서버 소프트웨어를 설치하고 동작시켜 서버 기능을 합니다. 웹 서버 소프트웨어로는 다음과 같은 것이 있습니다.

첫 번째로 **아파치**를 꼽을 수 있습니다. 정식 명칭은 Apache HTTP Server이지만, 보통 아파치라고 합니다. 전 세계에서 가장 많이 사용하는 웹 서버 소프트웨어로, 대규모 상용 웹 사이트부터 개인용 서버까지 폭넓게 이용됩니다.

그다음으로 **엔진엑스**가 있습니다. 엔진엑스는 아파치보다 나중에 생긴 비교적 새로운 웹 서버 소프트웨어로, 동작이 빠르고 기능이 풍부하여 최근 들어 채용 사례가 증가하고 있습니다.

그 밖에도 IIS라는 소프트웨어도 이용됩니다. 정식 명칭은 Internet Information Services이며, 첫 글자를 따서 IIS라고 합니다. IIS는 마이크로소프트의 웹 서버 소프트웨어로, 윈도나 윈도 서버 위에서 동작합니다.

DB 서버 소프트웨어

워드프레스는 데이터 관리에 RDBMS(관계형 데이터베이스 관리 시스템)를 사용하는 소프트웨어입니다. RDBMS로 동작하는 DB 서버 소프트웨어는 다음과 같습니다. 워드프레스는 MySQL을 사용합니다.

MySQL은 세계에서 가장 널리 사용되는 오픈 소스 RDBMS로 알려져 있습니다. DB 서버로 MySQL의 점유율은 PostgreSQL 등 다른 오픈 소스 DB 서버 소프트웨어를 압도합니다.

MariaDB라는 MySQL에서 파생된 소프트웨어도 있는데, MySQL과 독립적으로 계속 개발하고 있는 DB Server 소프트웨어의 한 예입니다. 또 AWS의 관계형 데이터베이스 서비스인 Amazon RDS 중에서 선택 가능한 RDBMS로 **오로라(Aurora)**가 있습니다. 오로라는 MySQL과 호환성을 강조하면서도 더 뛰어난 성능을 발휘하는 것이 특징입니다.

PostgreSQL은 오픈 소스 RDBMS이며, MySQL 다음으로 점유율이 높은 DB 서버 소프트웨어입니다. MySQL은 퍼포먼스를 특징으로 하고, PostgreSQL은 신뢰성을 중요시한다고 알려져 비웹 계열 시스템에서 채용하는 예도 많습니다. 최근에는 분산형 소셜 네트워크 소프트웨어인 Mastodon에서 채택한 것으로도 알려졌습니다.

오픈 소스가 아닌 RDBMS의 예로는 **오라클(Oracle)**을 들 수 있습니다. 오라클은 RDBMS 시장 점유율이 가장 높은 상용 DB 서버 소프트웨어입니다. 그 밖에 SQL Server라고 하는 마이크로소프트가 개발한 상용 DB Server 소프트웨어를 많이 이용합니다.

프로그래밍 언어

워드프레스는 PHP로 만들어진 소프트웨어인데, 웹 시스템 개발에 사용되는 프로그래밍 언어는 다음과 같습니다.

먼저 **PHP**입니다. 동적 웹 페이지 생성 툴을 기원으로 한 프로그래밍 언어로 웹 애플리케이션 개발에 유용한 기능이 풍부하게 들어 있는 것이 특징입니다.

다음으로 **루비(Ruby)**를 들 수 있습니다. 일본에서 개발된 프로그래밍 언어로, Ruby on Rails라는 웹 애플리케이션 프레임워크를 사용하여 복잡한 웹 애플리케이션을 개발합니다.

ASP.NET은 프로그래밍 언어가 아니라, 웹 애플리케이션 프레임워크의 명칭입니다. 이 프레임워크에서는 **비주얼 베이직(Visual Basic)**이나 **C#** 등 주로 마이크로소프트가 제공하는 프로그래밍 언어를 사용할 수 있습니다.

지금까지 워드프레스를 동작시키는 데 필요한 소프트웨어와 비슷한 소프트웨어를 설명했습니다. 여기에서는 다음 조합으로 이용한다고 하겠습니다.

- OS: 리눅스
- 웹 서버 소프트웨어: 아파치
- DB 서버 소프트웨어: MySQL
- 프로그래밍 언어: PHP

이 조합은 워드프레스뿐만 아니라 동적인 웹 사이트를 구축하는 소프트웨어 세트로도 많이 이용하는데, 리눅스-아파치-MySQL-PHP의 첫 글자를 따서 LAMP라고도 합니다.

또 최근에는 웹 서버 소프트웨어로 아파치를 대신하여 엔진엑스가 사용되는 예도 많아졌습니다.

- **OS**: 리눅스
- **웹 서버 소프트웨어**: 엔진엑스
- **DB 서버 소프트웨어**: MySQL
- **프로그래밍 언어**: PHP

아파치 대신 엔진엑스를 사용한 소프트웨어 세트는 **LEMP**라고 합니다. E는 Engine X(엔진엑스)에서 E를 따온 것입니다.

LAMP나 LEMP가 오픈 소스 소프트웨어(OSS)를 중심으로 구성된다면, **WISA**는 주로 마이크로소프트 제품으로 구성되는 소프트웨어 세트입니다.

- **OS**: 윈도
- **웹 서버 소프트웨어**: IIS
- **DB 서버 소프트웨어**: SQL Server
- **프로그래밍 언어**: ASP.NET

어떤 OS, 어떤 웹 서버 소프트웨어, 어떤 DB 서버 소프트웨어, 어떤 프로그래밍 언어를 선택할지는 조건에 따라 달라집니다. 워드프레스는 DB 서버 소프트웨어로 MySQL, 프로그래밍 언어로 PHP를 사용하므로 이 두 가지는 고정되어 있습니다. 그러나 OS나 웹 서버 소프트웨어에 대해서는 특별히 정해진 바가 없습니다. 시스템을 구축하고 운용하는 엔지니어가 보유한 스킬에 따라 선택하는 것이 일반적입니다.

처음부터 웹 애플리케이션을 구축할 때도 마찬가지로 구축 및 운용할 엔지니어가 보유한 스킬에 따라 선택하는 경우가 많습니다. 마이크로소프트 제품에 정통한 엔지니어를 보유하고 있으면 WISA를 선택하기도 합니다.

그 밖에 고려할 수 있는 요소는 비용입니다. 상용 제품을 사용하는 WISA와 비교하면 LAMP나 LEMP는 OSS를 사용하므로 비용을 절감할 수 있습니다. 마찬가지로 OSS인 MySQL과 PostgreSQL을 비교하면 고속성을 요구하는 경우는 MySQL, 신뢰성을 요구하는 경우는 PostgreSQL을 선택할 때가 많습니다.

제 2 부

네트워크의 응용

6장

네트워크 설계와 구축

6.1 네트워크를 설계·구축할 때 할 일
6.2 웹 신뢰성을 높이는 기술

6.1 네트워크를 설계·구축할 때 할 일

6.1.1 시스템 개발과 네트워크 설계·구축의 관계

네트워크 설계는 처음에 그 시스템이 무엇을 하는 시스템인지 생각하는 것부터 시작합니다. 건물을 지을 때도 가족을 위한 아파트인지, 단독 주택인지 등 그 용도와 규모를 먼저 결정하지 않으면 건축을 시작할 수 없습니다.

어떤 건물인지 결정하면 다음은 방을 배치하고 현관이나 주차장 위치 등을 결정합니다. 건물이 시스템이라고 한다면 네트워크는 도로나 통로 같은 것일지도 모릅니다. 예를 들어 주차장 출입구를 넓게 하고 단차를 낮추거나 현관에 슬로프를 설치하는 등입니다. 즉, 어떤 건물을 짓고 건물 배치 등을 결정한 후에는 그에 맞는 도로와 통로를 만들어 가는 흐름입니다.

이렇게 우선 대전제는 '그 시스템이 무엇을 하는 시스템인가?'를 생각하는 것입니다. 거기에서 더 나아가 어떤 네트워크가 필요한지 생각합니다.

시스템 구성에 따라 필요한 네트워크 구성도 달라집니다. 구체적으로 예를 들어 보겠습니다. 웹 브라우저로 조작할 수 있는 일정 관리 앱을 만들고 싶다고 합시다. 여기에서는 웹 애플리케이션 A라고 하겠습니다.

웹 애플리케이션 A를 회사 내에서만 사용하고 싶다면 사내 랜상에 웹 서버와 DB 서버를 구축해서 설치해야 합니다. 사용자 규모에 따라서는 웹 서버와 DB 서버를 서버 한 대에서 동작시킬 수도 있습니다. 네트워크 구성은 그림 6-1과 같습니다.

▼ 그림 6-1 웹 애플리케이션 A의 네트워크 구성 예(사내용으로 제공)

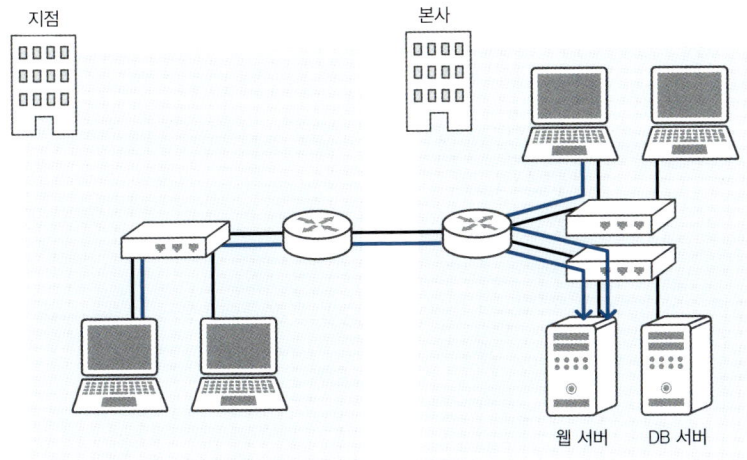

웹 애플리케이션 A를 SaaS로 제공하고 여러 회사에서 인터넷으로 이용하려면 어떻게 해야 할까요? 웹 서버는 인터넷에 공개하지만, DB 서버는 보안 관점에서 인터넷을 거치지 않고 웹 서버와 통신해야 합니다. 또 SaaS로 제공하는 경우 사내에서 이용할 때보다 부하가 걸려 더 높은 가용성이 요구됩니다.

따라서 웹 서버는 한 대가 아니라 여러 대를 준비해서 서버에 집중되는 부하를 분배하거나, DB 서버도 여러 대에 동일한 데이터를 보유하여 데이터 손상이 일어나지 않도록 배려해야 합니다(그림 6-2).

▼ 그림 6-2 웹 애플리케이션 A의 네트워크 구성(SaaS로 제공)

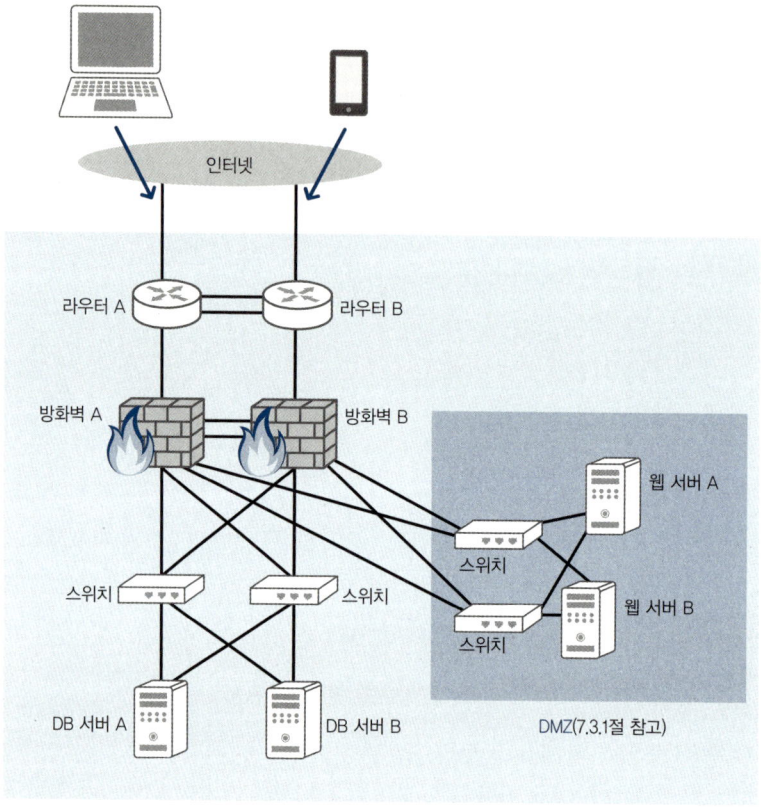

이처럼 어떤 시스템을 만드는지 어느 정도 규모인지에 따라 필요한 네트워크 형태가 달라집니다. 시스템 요구 사항에 맞는 네트워크를 결정하고 만드는 것이 네트워크를 설계하고 구축할 때 중요하다고 할 수 있습니다.

6.1.2 네트워크 설계와 구축(물리 인프라 편)

네트워크 설계의 각 프로세스는 시스템 설계와 크게 다르지 않습니다. 먼저 요건을 정의하고 어떤 시스템을 만들지, 그 시스템을 위해 어떤 네트워크를 만들지를 결정한 후 그 내용에 따라 기본 설계와 상세 설계를 합니다.

기본 설계에서는 요건 정의[1]에서 결정한 내용을 바탕으로 네트워크를 구축하면서 기본적인 사항을 정리합니다. 상세 설계에서는 기본 설계에서 정리한 내용을 기반으로 '어떤 기기(서비스)를 사용하여 만드는가'처럼 구현 방식의 세부 사항을 담습니다. 이들 설계는 설계 리뷰를 거쳐 다듬은 후 구축 단계에 들어갑니다(그림 6-3).

▼ 그림 6-3 네트워크 설계 흐름

요건 정의	기본 설계	상세 설계	설계 리뷰
어떤 시스템을 만드는가? 어떤 시스템을 위한 네트워크를 만드는가?	네트워크 구축에 필요한 기본 사항을 정리한다	기본 설계를 바탕으로 구현 방식 등 세부 내용을 채운다	관계자의 설계 내용 확인 및 피드백을 반영한다

앞서 언급한 일정 관리 앱인 웹 애플리케이션 A를 SaaS로 제공하는 경우를 예로 들어 네트워크 구축을 좀 더 자세히 살펴보겠습니다.

현재 데이터 센터에 랙(전용 선반)을 빌리고 서버와 네트워크 장비를 구입하고 인터넷 회선도 계약한 상태입니다. 정말 처음부터 IT 인프라를 구축해야 하는 상황이지요.

대략 네트워크 구성을 정했으면 네트워크 구성도로 나타내 봅시다. 그림으로 표현하면 구체적인 이미지가 솟아나 세세한 부분까지 결정할 수 있어 추후에 작업하기가 쉽습니다.

---

[1] 역주 시스템을 개발할 때 필요에 따라 요구 사항을 정리하는 단계입니다.

네트워크 구성도에는 물리 설계도와 논리 설계도가 있습니다. 물리 설계도에는 네트워크 기기가 포트별로 어디로 접속하는지와 기록한 포트 표나 랙의 어느 위치에 어떤 기기를 넣을지 기록한 랙 구성도, 케이블을 연결할 곳, 종류, 색 등 정보를 정리한 케이블 결선 표 등이 있습니다(그림 6-4). 물리 설계도에 따라 네트워크 기기와 서버를 랙에 마운트하고[2] 네트워크 케이블이나 전원 케이블 등을 연결합니다.

▼ 그림 6-4 물리 설계도의 예

랙 구성도

랙의 어느 위치에 기기를 넣을지 결정

라우터 A
라우터 B
스위치 A1
스위치 A2
스위치 B1
스위치 B2
방화벽 A
방화벽 B
웹 서버 A
웹 서버 B
DB 서버 A
DB 서버 B

포트 표

네트워크 기기의 어느 포트에 연결할지 정리

포트 번호	접속처
Port01	서버 A Eth0
Port02	서버 B Eth0
Port03	…
…	

케이블 결선 표

케이블의 접속처, 종류, 색 등 정보를 정리

접속처	접속처	케이블 종류	색상
스위치 A1	서버 A	Cat6 UTP	파랑
스위치 A1	서버 B	Cat6 UTP	빨강
스위치 A2	서버 A	Cat6 UTP	파랑
스위치 A2	서버 B	Cat6 UTP	빨강

---

2 마운트란 구글 드라이브나 램 같은 경로나 특정 장치를 하나의 디렉터리처럼 사용하려고 끼어 넣거나 붙이는 것을 의미합니다.

논리 설계도에서는 네트워크 회선의 랜간 라우팅이나 방화벽 규칙 설정, 어드레싱[3] 등을 실시하고, 설계한 내용을 그림으로 나타냅니다(그림 6-5).

▼ 그림 6-5 논리 설계도의 예

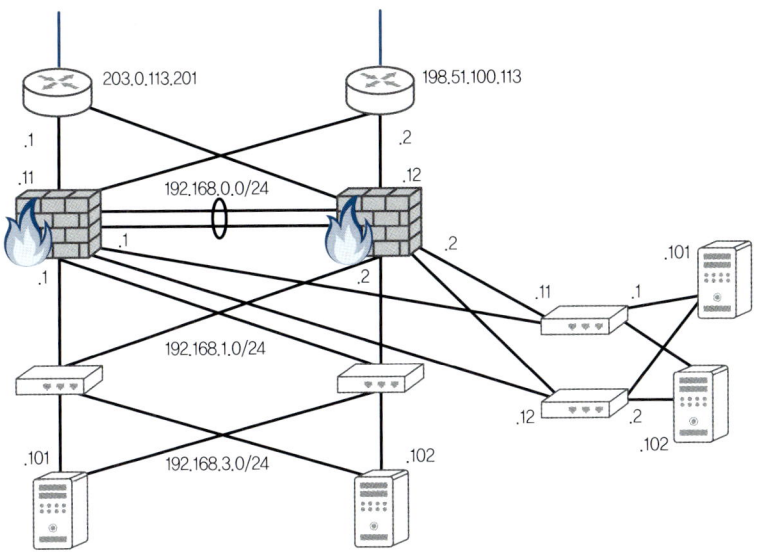

현장에서 직접 랙에 마운트한 기기에 네트워크를 설정할 수 있고, 네트워크가 미리 설정된 기기를 데이터 센터에 보내고 현장에서는 동작만 확인하는 경우도 있습니다.

실습: 네트워크 설계하기(물리 편)

본문에서는 웹 서비스의 네트워크 설계를 소개했지만, 이번 실습에서는 회사 지점 간 네트워크를 설계해 보겠습니다. 1부에서 학습한 지식이 있으면 괜찮습니다.

---

3 역주 네트워크에서 IP 주소를 할당하는 것입니다.

먼저 그림 6-6의 ❶과 ❷에 어떤 기기가 들어갈지 채워 봅시다. ❶과 ❷에는 각각 같은 기기가 들어갑니다.

▼ 그림 6-6 ❶과 ❷에 기기 넣어 보기

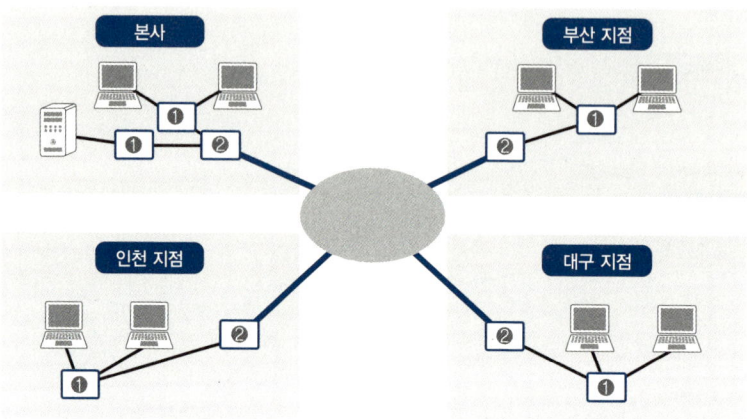

정답은 ❶은 L2 스위치, ❷는 라우터(L3 스위치)입니다(그림 6-7).

▼ 그림 6-7 그림 6-6의 정답

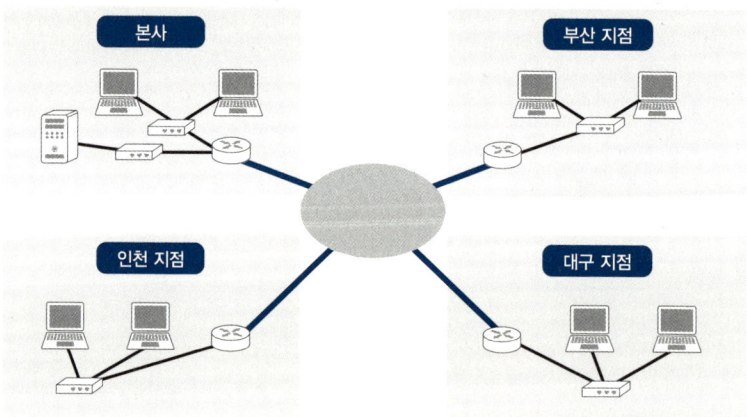

이어서 IP 주소를 할당해 보겠습니다. 192.168.0.0/24 네트워크 세그먼트를 5개로 분할해서 할당합니다. 할당해야 하는 네트워크 세그먼트와 이용할 IP 주소의 개수를 표 6-1에 나타냈습니다.

▼ 표 6-1 네트워크 세그먼트와 대수의 기준표

거점 이름	이용 대수 기준	네트워크 세그먼트
본사(PC용)	50대	
본사(서버용)	20대	
인천 지점	50대	
대구 지점	40대	
부산 지점	15대	

IP 주소를 29개 할당할 수 있는 /27 세그먼트를 2개, 61개 할당할 수 있는 /26 세그먼트를 3개 준비하고 표 6-2처럼 할당합니다.

▼ 표 6-2 네트워크 세그먼트 설정

거점 이름	이용 대수 기준	네트워크 세그먼트
본사(PC용)	50대	192.168.0.0/26
본사(서버용)	20대	192.168.0.192/27
인천 지점	50대	192.168.0.64/26
대구 지점	40대	192.168.0.128/26
부산 지점	15대	192.168.0.224/27

IP 주소를 할당했으므로 이번에는 각 지점에 있는 라우터의 라우팅 테이블을 결정하겠습니다. 각 지점의 모든 기본 게이트웨이가 인터넷으로 연결되어 있을 때 기본 게이트웨이 이외의 각 지점끼리도 통신할 수 있도록 정적 루트도 결정해야 합니다.

왠 측의 IP 주소는 표 6-3과 같습니다.

▼ 표 6-3 왠 측의 IP 주소

거점 이름	IP 주소
본사	10.0.0.1
인천 지점	10.0.0.2
대구 지점	10.0.0.3
부산 지점	10.0.0.4

각 거점에서 볼 때 외부 네트워크 세그먼트가 무엇인지 알면 채울 수 있습니다.

▼ 표 6-4 본사의 IP 주소 목록

네트워크 주소	서브넷 마스크	넥스트 홉
192.168.0.64	255.255.255.192	10.0.0.2
192.168.0.128	255.255.255.192	10.0.0.3
192.168.0.224	255.255.255.224	10.0.0.4

▼ 표 6-5 인천 지점 IP 주소 목록

네트워크 주소	서브넷 마스크	넥스트 홉
192.168.0.0	255.255.255.192	10.0.0.1
192.168.0.192	255.255.255.224	10.0.0.1
192.168.0.128	255.255.255.192	10.0.0.3
192.168.0.224	255.255.255.224	10.0.0.4

▼ 표 6-6 대구 지점 IP 주소 목록

네트워크 주소	서브넷 마스크	넥스트 홉
192.168.0.0	255.255.255.192	10.0.0.1
192.168.0.192	255.255.255.224	10.0.0.1
192.168.0.64	255.255.255.192	10.0.0.2
192.168.0.224	255.255.255.224	10.0.0.4

▼ 표 6-7 부산 지점 IP 주소 목록

네트워크 주소	서브넷 마스크	넥스트 홉
192.168.0.0	255.255.255.192	10.0.0.1
192.168.0.192	255.255.255.224	10.0.0.1
192.168.0.64	255.255.255.192	10.0.0.2
192.168.0.128	255.255.255.192	10.0.0.3

column ≡ **실제로 구축할 때 어려운 점**

본문에서는 한 네트워크를 완전히 새로 구축하는 예를 설명했지만, 실제로는 기존 네트워크와 연결하거나 여러 네트워크를 동시에 구축해야 할 때도 있습니다.

필자는 예전에 한 시스템에 세 가지 네트워크(실제 운영용, 재해 대책용, 개발용)를 구축하고, 각각 서로 통신하는 조건의 프로젝트를 진행한 적이 있습니다.

실제 운영용 네트워크를 구축하기에 앞서 네트워크 기기나 서버를 준비하고 설계한 대로 통신할 수 있는지 테스트해야 하는데, 기존 네트워크와 연결하는 조건이 있으므로 대체할 네트워크 기기를 준비해야 했습니다. 이때 상당한 대수를 준비해야 했기 때문에 기기를 확보하는 데 매우 고생했습니다.

또 각 네트워크는 서로 통신한다는 조건이 있었는데, 각 네트워크가 직접 연결되는 것이 아니라 기존 네트워크를 경유해서 통신해야 했으므로 결합 테스트를 시행하려면 네트워크 세 개를 동시에 가동해야 했습니다. 그때까지는 네트워크 기기의 대수 사정상 한 네트워크씩 움직였지만, 결합 테스트에 필요한 기존 네트워크용 기기가 세 배가 되어 이것 또한 확보해야 했습니다.

게다가 일부 기기는 다른 업체가 구축하기로 해서 해당 부분과 관련된 테스트를 하는 것도 상당히 힘든 작업 중 하나였습니다.

이처럼 실제로 네트워크를 구축하는 것은 이 책에서 소개하는 내용보다 훨씬 복잡할 수 있습니다.

6.1.3 네트워크 설계와 구축(클라우드 서비스 편)

지금까지 물리적 작업을 수반하는 네트워크 구축을 설명했습니다. 이번에는 클라우드(IaaS)를 사용하여 같은 방식으로 네트워크를 구축하는 예를 살펴보겠습니다. 여기에서는 세계 최대의 클라우드 사업자인 Amazon Web Services에 조금 전과 동등한 시스템을 구축하는 경우를 예로 들어 설명합니다.

IaaS에서는 사업자가 제공하는 가상화 기반에 시스템을 구축합니다. 서버와 네트워크 모두 가상으로 만들어집니다. 물리 네트워크는 사람이 기기 설치나 초기 설정 등을 수작업으로 해야 하지만, 클라우드에서는 기기 설치를 대신하여 인스턴스(AWS에서는 가상 서버를 '인스턴스'라고 함) 생성, 초기 설정 같은 모든 작업을 웹 브라우저의 제어판에서 할 수 있습니다.

▼ 그림 6-8 가상화 기반 시스템 구축의 특징

IaaS에서 시스템을 구축하는 흐름은 다음과 같습니다.

① 서브넷 생성

② 가상 서버 생성

③ 보안 그룹 설정

④ Elastic IP 설정

차례대로 각각 자세히 살펴보겠습니다.

① **서브넷 생성(퍼블릭 서브넷, 프라이빗 서브넷)**

AWS에서는 **서브넷** 단위로 네트워크 세그먼트를 나누어 작성합니다. 구체적으로는 인터넷에 공개하는 서버를 두는 서브넷(**퍼블릭 서브넷**)과 인터넷에 공개하지 않는 서버를 두는 서브넷(**프라이빗 서브넷**)을 생성합니다.

가용성을 생각해서 각 서버를 **가용 영역**(availability zone)(데이터 센터에 해당) 2개로 나누어서 배치하고 각 가용 영역에 퍼블릭 서브넷과 프라이빗 서브넷을 2개씩 총 4개 배치합니다.

② **가상 서버(인스턴스) 생성**

AWS에서는 가상 서버를 **인스턴스**라고 합니다. 여기에서는 EC2 서비스를 이용하여 웹 서버의 인스턴스를 생성합니다. 또 RDS라고 하는 DB 서버 전용 인스턴스를 만들 수 있는 서비스도 있기 때문에 DB 서버의 인스턴스는 이곳을 통해서 생성합니다.

③ **보안 그룹 설정**

AWS에는 **보안 그룹**이라는 서버에 연결하는 방화벽과 같은 것이 있습니다. 필요한 포트만 외부에서 보내는 통신을 통과하도록 작성해서 인스턴스에 할당합니다.

④ **Elastic IP 설정**

Elastic IP란 인스턴스에 결합하는 고정 글로벌 IP입니다. 외부에 공개할 웹 서버 인스턴스로 설정합니다.

가상화 기반에 설정하는 것이므로 물리적인 작업이 발생하지 않습니다. 설정 작업은 웹 브라우저에서 완결됩니다. 명령어나 정의 파일을 이용함으로써 정형화 및 자동화할 수도 있습니다.

클라우드는 매우 편리하지만, 앞서 서술했듯이 물리적인 시스템의 네트워크 구조나 원리 원칙을 이해해야 더욱더 폭넓게 대응하는 엔지니어가 될 수 있을 것입니다.

> 💡 **실습: 네트워크 설계하기(클라우드 기초 편)**

앞서 '① 서브넷 생성'에서 이 시스템은 총 서브넷 4개가 필요하다고 설명했습니다. 그러면 실제로 서브넷을 어떻게 배치하는지 그림 6-9를 보면서 생각해 봅시다.

❤ 그림 6-9 AWS에서 구성도

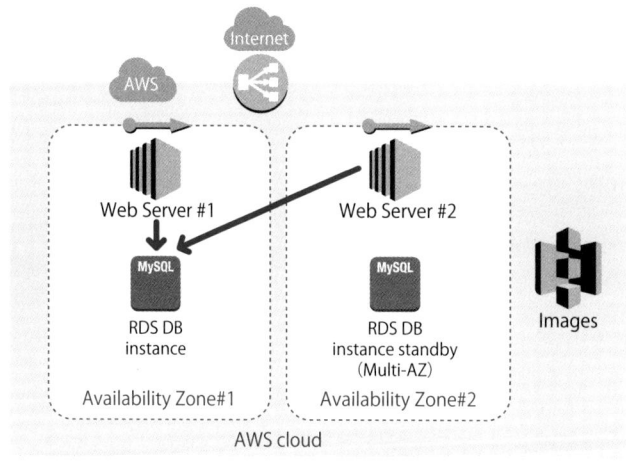

각 가용 영역에 웹 서버(퍼블릭 서브넷에 배치할 인스턴스)와 DB 서버(프라이빗 서브넷에 배치할 인스턴스)가 있으므로 각각의 가용 영역에 퍼블릭 서브넷을 1개, 프라이빗 서브넷을 하나 배치하여 시스템 전체로 총 서브넷 4개를 생성합니다(그림 6-10).

▼ 그림 6-10 서브넷 생성

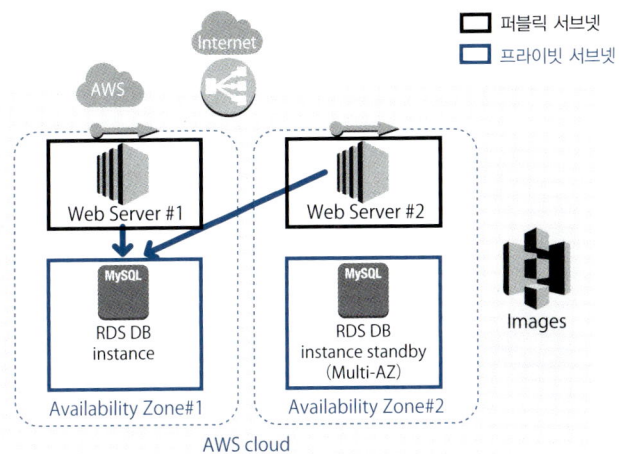

> **실습: 네트워크 설계하기(클라우드 응용 편)**

이어서 네트워크 세그먼트를 할당해 봅시다(그림 6-11).

▼ 그림 6-11 네트워크 세그먼트

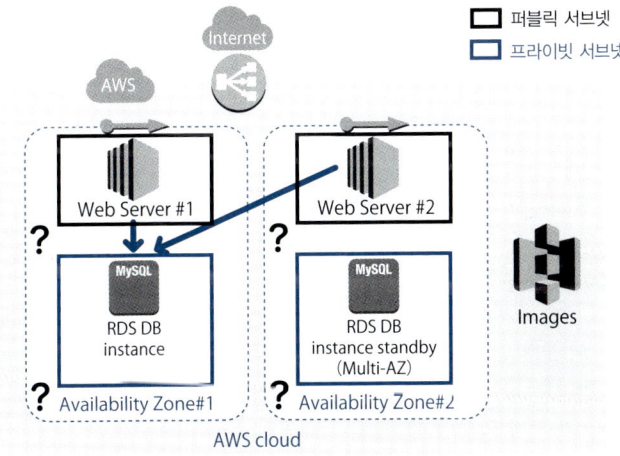

여기에서 포인트가 되는 것은 각각의 서브넷은 독립되어 있어야 한다는 점입니다. 예를 들어 그림 6-12처럼 되어야 합니다.

❤ 그림 6-12 서브넷마다 독립된 네트워크 세그먼트

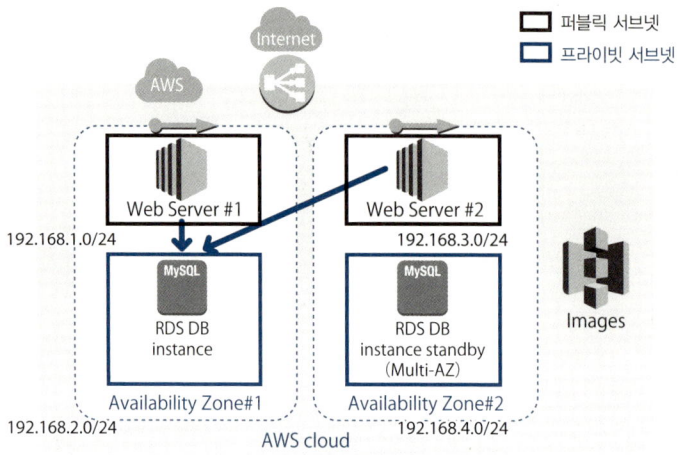

네트워크 세그먼트 하나가 가용 영역에 걸쳐 있다거나 프라이빗 서브넷과 퍼블릭 서브넷을 네트워크 세그먼트 하나로 만들 수 없다는 점에 유의하세요.

6.2 웹 신뢰성을 높이는 기술

6.2.1 웹 신뢰성이란?

인터넷은 원래 정보를 공유하거나 전달을 하려고 생겨났습니다. 그러나 인터넷 쇼핑이나 인터넷 뱅킹 등 돈과 관련된 중요한 정보 교환에 사용하기 시작하면서 안전성과 신뢰성을 높일 수 있는 다양한 대책이 필요하게 되었습니다. 예를 들어 '암호화'는 송수신되는 데이터에 특별한 처리를 해서 타인이 읽을 수 없는 데이터로 변환합니다.

또 한 대로 가동하던 웹 서버도 여러 대를 준비하여 로드 밸런싱(처리 배분)함으로써 한쪽에 장애가 발생해도 서비스를 계속할 수 있는 시스템으로 발전했습니다. 시스템에 장애가 발생해도 서비스를 지속해서 제공하는 것이 중요하며, 이런 사고방식을 장애 대응 설계(design for failure)라고 합니다.

6.2.2 대칭 키 암호 방식과 공개 키 암호 방식

통신을 할 때 보내는 사람과 받는 사람 사이에서 누군가가 통신 내용을 도청할 수도 있습니다. 그래서 제삼자가 보더라도 알 수 없도록 **암호화**할 필요가 있습니다. 암호화된 것을 원래대로 되돌려서 읽을 수 있는 상태로 만들려면(**복호화**) 어떻게 해야 할까요? 여기에서 사용하는 것은 암호를 푸는 **열쇠**입니다. 암호화와 복호화 메커니즘을 두 가지 방식으로 설명하겠습니다.

대칭 키 암호 방식

대칭 키 암호 방식이란 암호화와 복호화에 같은 키(**대칭 키**)를 이용하는 방식입니다. 이 방식은 집 문을 여닫을 때 같은 키를 사용하는 것과 비슷합니다. 파일 암호화 등에 자주 이용되는 방식이므로 대칭 키 암호 방식을 예로 들어 설명하겠습니다(그림 6-13).

▼ 그림 6-13 대칭 키 암호 방식

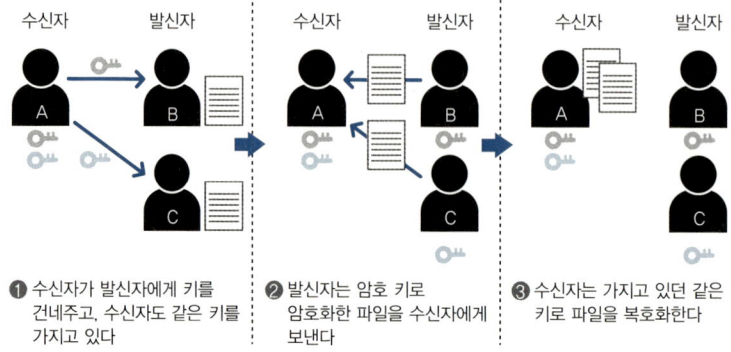

❶ 수신자가 발신자에게 키를 건네주고, 수신자도 같은 키를 가지고 있다
❷ 발신자는 암호 키로 암호화한 파일을 수신자에게 보낸다
❸ 수신자는 가지고 있던 같은 키로 파일을 복호화한다

지금부터 A는 B와 파일을 주고받습니다. 우선 A는 B에게 키를 건네줍니다(A도 같은 키를 가지고 있습니다). B는 그 키로 보내고 싶은 파일을 암호화하여 아무도 읽을 수 없게 만든 후 A에게 보냅니다. A는 자신이 가진 키를 사용하여 파일을 복호화하면 내용을 볼 수 있습니다. 암호화와 복호화에 같은 키가 사용되는 것이 핵심입니다. 이 대칭 키 암호 방식의 문제점은 키를 안전하게 교환하기가 어렵다는 것입니다.

여러 사람과 파일을 교환할 때도 메커니즘이 같습니다. A는 B, C와 각각 다른 파일을 교환하기로 합니다. 이 경우 A가 보아야 하는 C의 파일을 B에게 보여서는 안 되기 때문에 C와 공유하는 키, B와 공유하는 키는 달라야 합니다. 각각 다른 키를 건네주고, C에게는 C의 키를 사용해서 암호화하고, B에게는 B의 키를 사용해서 암호화한 후 파일을 전송합니다. 그리고 C의 키와 B의 키를 사용해서 각각 파일을 복호화합니다.

공개 키 암호 방식

한편 **공개 키 암호 방식**이란 암호화와 복호화에 별도의 키를 사용하는 방식입니다. 암호화에 사용하는 것은 **공개 키**, 복호화에 사용하는 것은 **비밀 키**라고 합니다.

그림 6-14를 예로 들어 보겠습니다. A는 B와 C에게 같은 키(공개 키)를 줍니다. 조금 전과는 달리 B와 C에게 같은 키를 전달했으며, 사용자마다 키를 구분하지 않습니다.

▼ 그림 6-14 공개 키 암호 방식

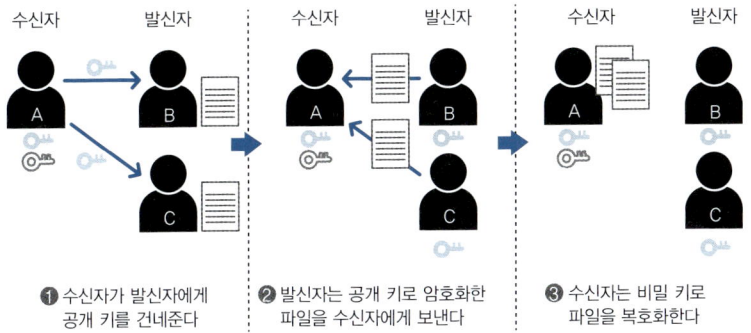

❶ 수신자가 발신자에게 공개 키를 건네준다
❷ 발신자는 공개 키로 암호화한 파일을 수신자에게 보낸다
❸ 수신자는 비밀 키로 파일을 복호화한다

B와 C는 건네받은 공개 키로 각각 데이터를 암호화해서 A에게 보냅니다. A는 자신만 갖고 있는 비밀 키를 이용하여 전송된 데이터를 복호화해서 내용을 볼 수 있습니다. 이 방식은 공개 키로 암호화한 데이터를 복호화할 수 있는 것은 비밀 키를 가진 사람뿐이라는 점이 핵심입니다. 키 교환이 간편하고, 암호화가 필요한 데이터를 처리하기 전에 키를 배포하고 취득할 수 있습니다.

두 가지 방식을 함께 사용

웹 사이트 암호화에 사용되는 **SSL/TLS 통신**은 그림 6-15처럼 대칭 키 암호 방식과 공개 키 암호 방식을 함께 씁니다. 왜 두 가지 암호화 방식을 함께 쓸까요?

▼ 그림 6-15 SSL/TLS 통신 흐름

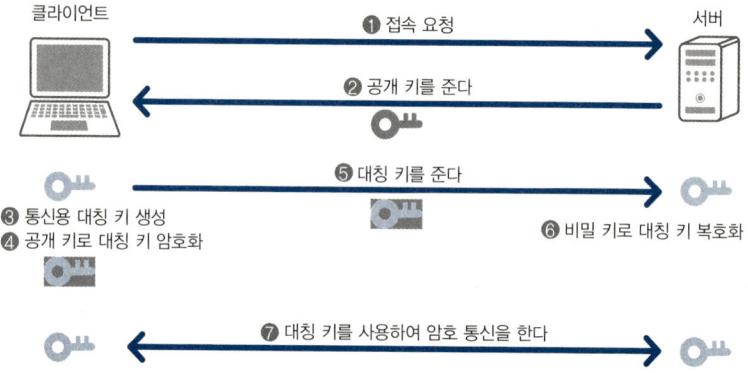

SSL/TLS 통신 자체는 대칭 키 암호화 방식을 사용해서 통신을 암호화합니다. 앞서 설명했듯이 대칭 키 암호화 방식은 암호화하는 쪽과 복호화하는 쪽에서 같은 키를 소유하고 있어야 데이터를 복호화할 수 있는 구조이기 때문에, SSL/TLS 통신을 하기 전에 키를 넘겨줄 필요가 있습니다.

키를 전달하기 전에는 당연히 통신이 암호화되지 않은 상태이므로 다른 방법으로 안전하게 키를 전달해야 합니다. 그래서 대칭 키를 전달하는 수단으로 공개 키 암호화 방식이 사용되는 것입니다.

클라이언트가 서버에 연결을 요청하면 서버는 클라이언트에 공개 키를 보냅니다. 클라이언트는 서버와 암호화 통신을 할 수 있는 대칭 키를 생성하여 공개 키로 암호화해서 서버에 보냅니다.

서버는 공개 키에 대응하는 비밀 키를 사용하여 대칭 키를 복호화합니다. 이제 클라이언트와 서버 양쪽에서 대칭 키를 사용할 준비가 되었으니 서로 대칭 키를 사용하여 암호화된 통신을 할 수 있습니다.

SSL/TLS 통신을 시작할 때 서버가 클라이언트에 공개 키를 전달하는데, 인증 정보나 공개 키 정보를 하나로 모은 것이 **SSL/TLS 서버 인증서**입니다. 서버는 SSL/TLS 서버 인증서로 클라이언트에 인증 정보나 공개 키 정보를 세트로 건네주고, 클라이언트는 건네받은 SSL/TLS 서버 인증서로 접속 상대의 정보를 확인하고 통신합니다.

6.2.3 상시 SSL화

상시 SSL/TLS화란 웹 사이트 전체를 HTTPS화(암호화)하는 것입니다. 보통 상시 SSL화라고 하는 경우가 많습니다.

> **Tip** 실제 프로토콜은 SSL의 진화형인 TLS를 사용하지만, 일반적으로 알려진 용어가 SSL이므로 SSL/TLS를 단순히 SSL로 부를 때가 많습니다. 반대로 단순히 TLS로 부르는 경우는 거의 없습니다.

이전에는 웹 사이트 전체를 암호화하면 느려진다는 인식이 일반적이었습니다. 그러나 최근에는 다음 이유로 상시 SSL화가 권장되는 추세입니다.

HTTP/2에서는 표시 속도가 오히려 빨라진다

3.3.4절에서 소개한 HTTP/2라는 새로운 프로토콜에서는 이전 버전의 HTTP가 안고 있던 문제점이 개선되어 통신 효율이 높아졌습니다. 클라이언트와 서버 사이의 통신을 암호화하는 사양이 표준으로 정해져 있어 HTTP/2에 대응하려면 상시 SSL화가 필요하고, 이로써 응답 속도 향상을 기대할 수 있습니다.

SEO의 장점이 있다

SEO(Search Engine Optimization)는 검색 엔진 최적화로 번역되며, 검색 결과에서 웹 사이트가 좀 더 상위에 표시되게 하는 일련의 대책을 SEO 대책이라고 합니다. 오늘날 검색 엔진의 점유율은 구글이 압도적으로 우위에 있으므로 SEO 대책은 실질적으로 구글 대책이라고도 할 수 있습니다. 구글에서는 상시 SSL화를 검색 결과의 평가 기준 중 하나로 삼고 있으며, SEO 대책의 일환으로 상시 SSL화가 되기도 합니다.

HTTP일 때 웹 사이트를 열면 현재 웹 브라우저에 경고가 표시된다

필자의 PC에는 크롬 75가 설치되어 있는데, HTTP 웹 사이트를 열면 주소창에 '주의 요함'이라는 경고가 표시됩니다(그림 6-16).

❤ 그림 6-16 크롬에서 경고 메시지

▲ 주의 요함 | molit.go.kr/portal.do

크롬 56부터는 HTTP 페이지에 ID나 패스워드 같은 기밀 정보를 입력하는 폼이 있을 때 보안 경고가 표시되었지만, 지금은 HTTP 웹 사이트 모두에서 경고가 표시됩니다. 파이어폭스 등 다른 웹 브라우저도 이런 움직임을 따르고 있어 향후 점점 더 상시 SSL화가 요구될 것입니다.

6.2.4 부하 분산

웹 사이트의 내장애성이나 처리 능력을 높이고자 웹 서버 한 대가 아니라 여러 대로 웹 사이트를 호스팅하기도 합니다. 이 경우 액세스를 분산해서 할당하는 것을 부하 분산이라고 합니다. DNS 서버 설정이나 전용 기기 및 소프트웨어의 도입, 서비스 등을 이용하여 부하 분산할 수 있습니다.

부하를 분산하는 방법으로 몇 가지가 있습니다. 여기에서는 대표적인 방법을 소개하겠습니다.

DNS 라운드 로빈

DNS 라운드 로빈은 그림 6-17처럼 DNS 시스템을 사용해서 요청을 서버 여러 개로 분산하는 방식입니다. 한 호스트 이름에 IP 주소를 여러 개 설정함으로써 요청받은 DNS 서버는 차례대로 IP 주소를 반환합니다.

▼ 그림 6-17 DNS 라운드 로빈

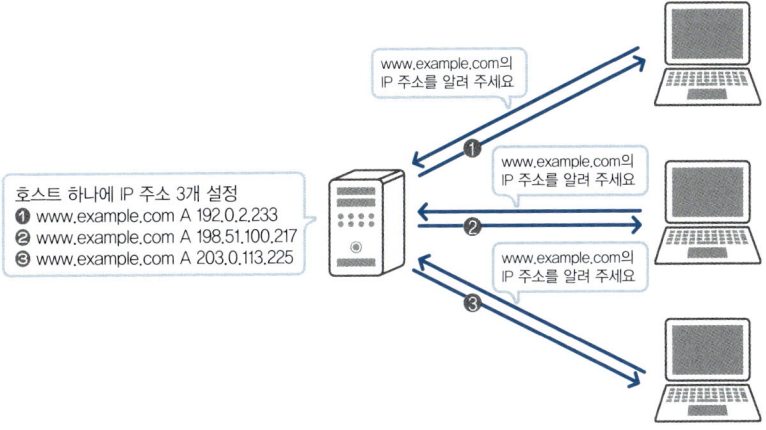

이 방식의 장점은 특별한 장비나 소프트웨어를 쓰지 않고도 부하를 분산할 수 있다는 것입니다.

한편 이 방식에는 단점도 몇 가지 있습니다. 예를 들어 DNS 서버가 각 서버를 모니터링해서 동적으로 할당하는 것은 아니기 때문에 다운된 서버의 IP를 반환하는 경우가 있습니다. 또 서버의 부하 상태와 상관없이 균등하게 할당되므로 처리 능력이 낮은 서버와 처리 능력이 높은 서버에 고르게 할당되면 처리 능력이 저하된 서버는 처리 한계에 도달할 가능성도 있습니다.

이렇듯 단순한 구조이므로 다양한 제약이 있음을 이해하고 이용해야 합니다.

NAT형

NAT형이란 VIP라는 가상 IP 주소에 대한 요청을 실제 서버 여러 대에 할당하는 방식입니다(그림 6-18). 하드웨어/소프트웨어 등으로 제공되는 일반적인 로드 밸런서(L4 스위치/L7 스위치라고도 함)에서 채용됩니다.

▼ 그림 6-18 NAT형

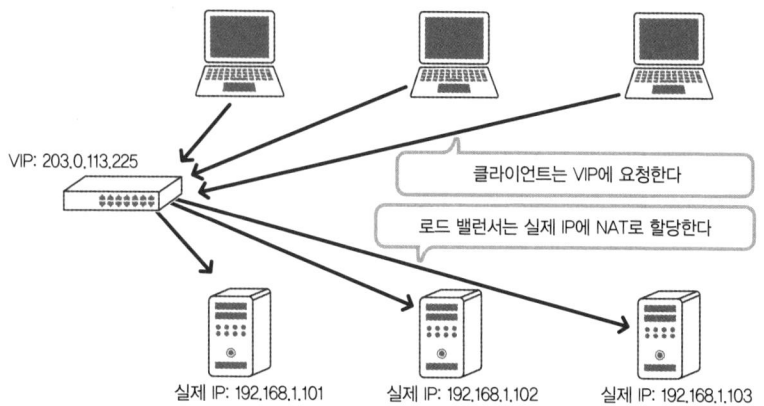

GSLB

글로벌 서버 로드 밸런싱(GSLB, Global Server Load Balancing)은 여러 위치를 가로지르는 부하 분산을 실현하는 방식입니다(그림 6-19). 예를 들어 서울과 부산에 있는 데이터 센터에 서버를 설치하고 정상일 때는 양쪽 모두에 요청을 할당하고, 어느 한쪽에 장애가 발생했을 때는 장애가 일어난 데이터 센터 쪽 서버에는 할당하지 않게 하는 등 DNS 라운드 로빈에서 문제였던 '장애가 발생한 서버에도 할당할 수 있는 문제점'을 해결했습니다.

▼ 그림 6-19 GSLB

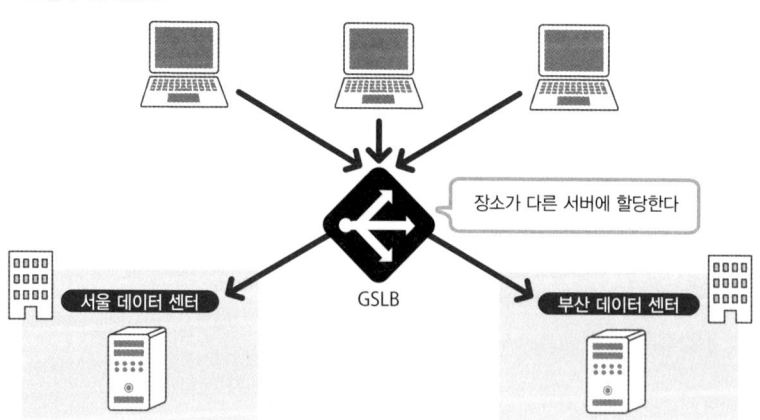

이처럼 여러 서버에서 서비스를 제공함으로써 가용성과 성능을 향상시키거나 여러 지역에 서버를 분산 배치하여 재해나 장애를 대비하는 등 부하 분산은 웹 사이트 신뢰성 향상에 연결됩니다.

6.2.5 리버스 프록시

리버스 프록시란 웹 서버 대신에 클라이언트의 액세스를 받는 프록시 서버의 일종입니다. 보통 웹 사이트와 동일한 네트워크에 설치됩니다.

프록시란 대리나 대행이라는 뜻으로, **프록시 서버**는 클라이언트 쪽에 설치되어 클라이언트가 웹 서버에 액세스하는 것을 중계하는 역할을 합니다. 즉, 웹 서버에 액세스하는 것을 대행합니다.

한편 리버스 프록시는 서버 쪽에 설치되어 서버에 대한 요청을 받아 배후에 있는 서버에 넘겨주는 데 사용됩니다. 즉, 웹 서버가 받을 요청을 대신해서 받습니다(그림 6-20).

▼ 그림 6-20 프록시 서버와 리버스 프록시

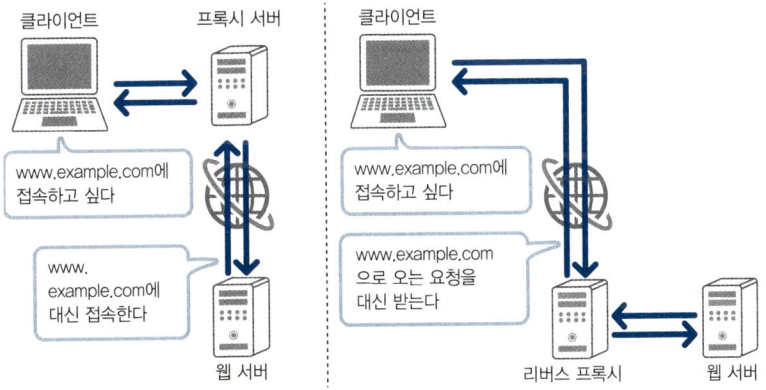

프록시 서버와 리버스 프록시 모두 캐시 기능을 제공합니다. 이미 요청이 있었던 것을 일정 시간 캐시해 두고, 캐시에 일치하는 것은 웹 서버 대신에 프록시 서버(리버스 프록시)가 응답합니다. 이렇게 함으로써 웹 서버에 대한 부담을 줄일 수 있습니다.

리버스 프록시에는 캐시 기능 이외에도 부하 분산 기능을 제공하는 것, WAF7 기능을 제공하는 것도 있으며 모두 웹 사이트의 신뢰성 향상에 기여합니다.

6.2.6 CDN

CDN(Content Delivery Network)은 동일한 콘텐츠를 많은 배포처, 예를 들어 많은 사용자의 PC나 휴대 전화에 효율적으로 배포하고자 할 때 사용됩니다. 주로 웹 사이트에 있는 많은 이미지나 동영상 등 용량이 큰 데이터를 많은 서버와 네트워크 대역을 이용하여 클라이언트에 전달하는 데 사용됩니다. 또 윈도와 휴대 전화 운영 체제 업데이트 등도 CDN을 이용하여 효율적으로 전송할 수 있습니다.

배포처에 가까운 네트워크(커스터머 에지)에 콘텐츠를 배포하는 서버(에지 서버)를 배치해서 구성합니다. 에지 서버는 원본 데이터를 가진 서버(오리진 서버)의 데이터 사본을 캐시로 가지고 있다가, 오리진 서버를 대신해서 클라이언트 요청에 응답합니다(그림 6-21).

▼ 그림 6-21 오리진 서버와 에지 서버

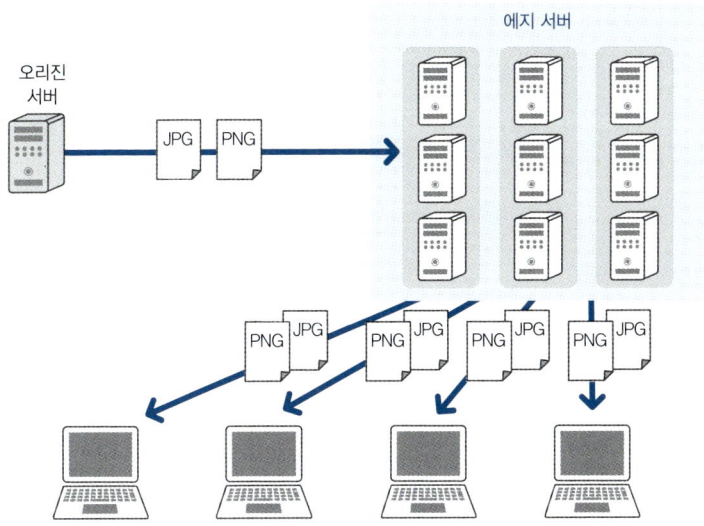

사용자 가까이에 있는 서버에서 배포하고, 또 서버 여러 대에서 배포함으로써 더 빠르고 부하에 강한 시스템을 실현했습니다(그림 6-22).

▼ 그림 6-22 CDN

CDN은 콘텐츠의 빠르고 효율적인 배포 외에 DDoS 공격에 대한 대책으로도 사용됩니다. DDoS 공격은 대량의 요청을 발생시켜 서버를 다운시키는 공격인데, 그에 대한 대책은 크게 두 가지로 나눌 수 있습니다. 첫 번째는 DDoS 트래픽을 감지해서 멈추어 버리는 대책이고, 두 번째는 DDoS 요청을 처리하는 대책입니다. 후자의 대책으로 CDN을 이용할 때도 있습니다. 이런 식으로 CDN도 웹 사이트의 신뢰성을 향상하는 데 도움이 됩니다.

다음은 대표적인 CDN 서비스입니다.

Akamai

엔터프라이즈급 CDN으로 유명합니다. 전 세계 통신량의 15~20%는 아카마이(Akamai)로 배포된다고 합니다.

Amazon CloudFront

AWS 서비스 중 하나로 제공되는 CDN 서비스입니다. AWS의 다른 서비스와 함께 사용하는 것은 물론, CloudFront 단독으로 사용할 수도 있습니다.

Cloudflare

주로 개인용으로 무료 플랜이나 소액 플랜을 갖춘 것으로 알려진 CDN 서비스입니다. 개인용뿐만 아니라 기업용 고기능 플랜도 준비되어 있으며, 채용 사례도 많이 있습니다. CDN을 기본으로 하면서 보안이나 DDoS 공격 대책에 사용합니다.

Fastly

다른 CDN에서는 어렵다고 여기는 동적 콘텐츠 캐시 등 독자적인 기능을 제공하는 CDN 서비스입니다.

Imperva Incapsula

CDN 기능도 있지만, WAF나 DDoS 공격에 대응하는 측면으로도 강한 서비스입니다.

7장

네트워크 운영과 보안

7.1 네트워크 운용

7.2 보안 대책의 기초 지식

7.3 네트워크 보안 대책

7.4 네트워크 모니터링 패턴

7.1 네트워크 운용

7.1.1 네트워크를 운용할 때 할 일

시스템 및 네트워크를 설계하고 구축했다면 완성된 네트워크는 **운용** 단계로 들어갑니다. 즉, 시스템 및 네트워크가 계속 동작하는 상태를 유지해야 합니다.

그런데 네트워크 운용은 주로 어떤 사람이 담당할까요? 사실 시스템의 목적이나 규모에 따라 작업 분담 및 담당 범위는 제각각입니다. 예를 들어 은행 시스템 네트워크는 거대해서 설계하는 회사, 모니터링하는 회사, 운용하는 회사가 각각 나뉘어 있습니다. 운용도 스위치나 라우터 등은 X사, 방화벽은 Y사처럼 분담하는 것이 일반적입니다.

기업의 지점 간 네트워크라면 이렇게까지 세세하게 나뉘어 있지는 않지만 역시 분업되어 있습니다. 최종 사용자의 요청 사항을 정리하거나 회사 방침 결정은 사용자 기업의 정보 시스템 부서가 하고, 그 방침에 따른 네트워크 설계나 운용은 전문 **시스템 인티그레이터**(SI, System Integrator)에 위탁하며, 그 SI 회사의 직원이 사용자 기업에 상주하면서 업무를 보는 것을 예로 들 수 있습니다.

웹 서비스 회사라면 인프라 엔지니어 몇 명이 네트워크와 서버를 함께 보고, 경우에 따라서는 전담 인프라 엔지니어 없이 프로그래머가 겸임하여 담당하기도 합니다.

이처럼 담당자는 시스템이나 회사 규모에 따라 크게 달라집니다. 네트워크는 단독으로 동작할 뿐만 아니라 시스템이나 서버의 기반이 되므로 네트워크 담당자는 시스템 엔지니어나 서버 엔지니어와 협조하여 대응해 가는 것이 중요해질 것입니다.

또 설정 변경 등은 단순한 작업이 아니라 설정 변경이 미치는 영향을 조사하거나 관계자에게 연락하는 등 부수적인 작업도 매우 중요합니다. 기술력 외에 커뮤니케이션 능력이 요구되는 점은 다른 엔지니어와 같다고 할 수 있습니다.

네트워크 운용에 관한 업무를 그림 7-1에 정리했습니다.

▼ 그림 7-1 네트워크 운용에 관한 업무 예

① 네트워크 기기의 설정을 변경해야 할 때
   설정 변경 작업(및 그에 부수되는 작업)을 실시한다

② 감시 소프트웨어 등으로 네트워크의 가동 상황이나
   트래픽을 모니터링한다

③ 장애를 감지했다면 정상적인 상태로
   회복할 수 있도록 각종 대처를 실시한다

④ 필요에 따라 서버 엔지니어와
   협력하여 오류 등을 분리한다

⑤ 필요에 따라 네트워크 개선을 제안한다

7.1.2 설정 변경 작업

그림 7-1에서 소개한 업무 중 ①의 '설정 변경 작업'의 구체적인 예를 좀 더 생각해 봅시다.

허가하는 통신을 한정하고 있는 환경에서 새롭게 접속원을 늘리거나, 통신을 허가하는 포트를 늘려야 할 때 실시하는 방화벽 설정 변경을 예로 들 수 있습니다(그림 7-2).

▼ 그림 7-2 접속원과 포트 증가에 따른 방화벽 설정 변경

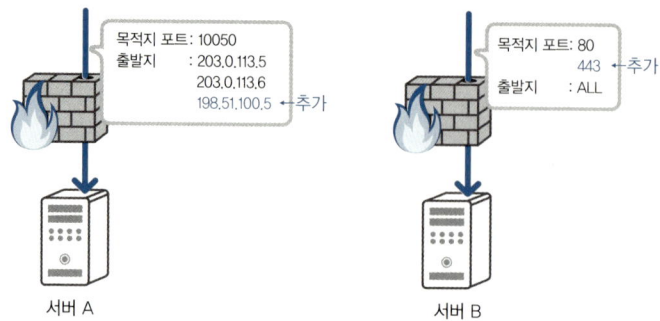

또 회사에 새로운 지점이 개설될 때도 네트워크 세그먼트가 늘어나기 때문에 각 지점의 라우터에 정적 경로를 추가하는 등의 작업도 생각할 수 있습니다(그림 7-3).

▼ 그림 7-3 지점 신규 개설에 따른 라우터 설정 변경

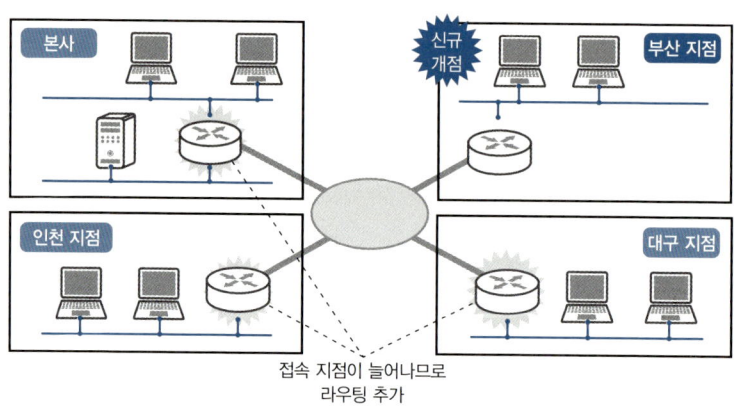

여기에 열거한 예는 모두 '늘리는' 작업이지만, '줄이는' 작업도 설정을 변경해야 합니다.

다음으로 네트워크 설정을 변경하는 경우 대략적인 흐름을 살펴보겠습니다. 일반적으로 다음 흐름으로 설정을 변경합니다.

① 설정 변경 내용을 명확히 하기

② 설정 변경 작업 전 순서 검토

③ 설정 변경 작업 실시

④ 테스트

⑤ 복구

그러면 하나씩 살펴보겠습니다.

① **설정 변경 내용을 명확히 하기**

설정 변경의 목적, 예상 결과 등을 명확히 하고 필요에 따라 문서를 만듭니다.

② **설정 변경 작업 전 순서 검토**

관계자를 모아서 설정 변경 작업 순서를 설명하고 검토합니다. 이때 이용되는 문서는 설계서, 설정 변경 절차서, 작업 스케줄 표 등입니다. 검토 과정에서 얻은 피드백을 반영하여 절차를 변경할 수 있습니다.

③ **설정 변경 작업 실시**

실제로 설정 변경 작업을 수행합니다. 관계자 조정 후 작업 일시를 미리 정해 두는 것이 대부분입니다. 또 트러블을 방지하고자 설정 변경 작업을 여러 사람이 하기도 합니다. 절차대로 올바르게 실시하고 있는지, 예상 밖 사태는 발생하지 않았는지 등을 확인합니다.

④ **테스트**

설정을 변경한 후 예상대로 동작하는지 테스트합니다. 혼자서 실행 가능할 때도 있지만, 시스템이나 서버 등 다른 담당자나 최종 사용자의 확인이 필요할 수도 있으므로 이 경우에는 협력해서 테스트합니다.

⑤ 복구

작업이 정상적으로 완료되지 않았을 때 설정 변경 전 상태로 되돌리는 것을 **복구(failback)**라고 합니다. 일반적으로 복구 절차, 복구 판단 기준, 복구 작업 시간 등은 설정 변경 절차 및 작업 일정에 포함됩니다.

7.1.3 트러블슈팅

네트워크가 원인이라고 생각되는 문제가 발생했을 때 정상적으로 동작할 때와 현상을 비교하여 그 증상을 파악하고, 그것이 PC 문제인지 네트워크 문제인지 소프트웨어 문제인지 혹은 서버 문제인지 밝혀내 필요한 대처를 하는 것이 **트러블슈팅입니다**. 트러블슈팅은 일반적으로 다음 순서로 진행되므로 그 흐름과 포인트를 설명하겠습니다.

① 장애 감지

② 현상 파악

③ 대처

④ 장애 해결 후 보고

① 장애 감지란 장애 발생 상황을 감지하는 것으로, 모니터링 소프트웨어 등을 이용하여 자동으로 감지하는 것이 바람직합니다. 최종 사용자나 그 사이에 있는 고객 등의 신고로 장애 발생을 판명하기도 하지만, 그다지 바람직하지 않습니다.

다음은 ② 현상 파악입니다. 어떤 장애가 발생하는지 일어나고 있는 장애를 우선 파악합니다. 전혀 연결되지 않는 것인지, 연결이 잘되지 않는지(평소보다 많이 끊긴다, 비정상적으로 느리다 정도로 파악할 수 있으면 바람직), 장애의 영향 범위는 어디까지인지(컴퓨터 한 대인가, 특정 랜인가 등)를 봅니다. 구체적으로는 실제로 애플리케이션을 실행하여 동작을 확인하는 것 외에 ping이나

traceroute 같은 명령어를 사용해서 네트워크 기기 상태를 확인할 수 있습니다.

지금까지 얻은 정보를 바탕으로 장애를 해결하는 대처(③)를 합니다. 다음으로 장애가 발생한 후부터 회복하기까지 시계열, 장애 원인, 잠정 대책이나 근본 대책 등을 보고서에 정리합니다(④). 장애가 장기화되어 정기적으로 중간 보고를 하는 경우도 있습니다.

근본 대책으로 네트워크 기기 설정을 변경해야 할 때는 앞서 설명한 프로세스를 따라 네트워크 기기 설정을 변경하기도 합니다. 이때 중요한 점은 설정 변경 전 상태를 확실하게 확인해 두는 것입니다. 그렇지 않으면 설정 변경 후에 상태가 개선되었는지, 악화했는지 또는 변하지 않았는지 등을 판단할 수 없기 때문입니다. 이는 평소 네트워크를 운용할 때도 중요한 것으로, 평소 상태에서 무엇을 할 수 있고 무엇을 할 수 없는지 확실하게 기록해 두는 것이 중요합니다.

사용자가 '○○를 할 수 없다'고 문의했을 때 그것이 이전에는 할 수 있던 것인지, 아니면 이전부터 할 수 없었던 것인지에 따라 대처 방법이 크게 달라집니다. 그 때문에 설계 정보를 문서로 남겨 필요에 따라서 갱신하고, 통신량이나 서버의 부하 등 모니터링 정보를 기록해 두는 것이 중요합니다.

💡 실습: 통신 장애 일으키기

여기에서는 가장 간단한 통신 장애의 예로 어떤 곳의 랜 케이블을 뽑아 봅시다. 회사에서 실습하기 어려울 수 있으므로 집이나 실험용 네트워크를 가지고 있다면 그곳에서 실습하세요. 집에서 실습하더라도 가족이 함께 사용하는 경우에는 폐를 끼치지 않도록 조심합시다.

어느 랜 케이블을 뽑을지 굳이 지정하지는 않겠습니다. 여러분 스스로 결정해 보세요. 어디를 빼면 어디까지 통신할 수 있고, 어디까지 통신할 수 없는지를 이해하는 것이 목적입니다.

랜 케이블을 뽑은 후 자신의 컴퓨터에서 어디까지 통신할 수 있는지, 2.3.3절에서 소개한 통신이 확립되었는지 조사하는 ping 명령어를 사용해서 조사해 봅시다. 예를 들어 네트워크 세그먼트가 192.168.0.0/24로 다음처럼 할당되어 있다고 하겠습니다.

- **컴퓨터 IP 주소**: 192.168.0.101
- **프린터 IP 주소**: 192.168.0.110
- **라우터 IP 주소**: 192.168.0.1

프린터까지는 ping 응답이 있지만 라우터에서 ping 응답이 없다면, 컴퓨터와 프린터가 연결된 스위치와 라우터 사이의 케이블이 빠져 있을 가능성이 있습니다. 프린터와 라우터에서 모두 ping 응답이 없으면 컴퓨터의 랜 케이블이 빠져 있을 가능성이 있습니다.

이처럼 네트워크의 트러블슈팅이란 정보를 모으고 범위를 좁혀 가면서 장애가 발생한 곳을 찾는 작업입니다.

7.2 보안 대책의 기초 지식

7.2.1 정보 보안 3요소

시스템이나 네트워크의 보안에 대해서는 충분히 고려해야 합니다. 정보 보안에는 기밀성, 무결성, 가용성이라는 세 가지 요소가 있으며, 이들을 유지 관리할 필요가 있습니다(그림 7-4).

▼ 그림 7-4 정보 보안 3요소

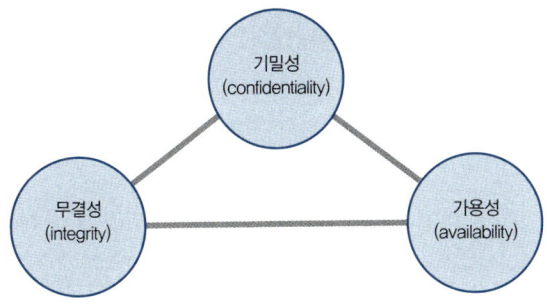

기밀성

기밀성은 허가받은 사람만 해당 정보를 사용할 수 있는 상태로 유지하는 것입니다. 정보 유출 방지, 적절한 접근 권한 설정, 암호 이용 등 조치를 취합니다.

무결성

무결성은 권한 없는 사람이 정보를 변경할 수 없는 상태로 유지하는 것입니다. 정보 변조를 방지하거나 변조되었을 때를 감지하는 등 조치를 취합니다.

가용성

가용성은 정보가 필요할 때 사용할 수 있는 상태로 유지하는 것입니다. 전원이나 시스템의 이중화, 백업, 재해가 발생했을 때 대응책 등 조치를 취합니다.

7.2.2 정보 보안 위협과 공격 기법

수많은 공격 기법 중에서 대표적인 기법을 몇 가지 소개합니다.

표적형 공격

표적형 공격은 타깃을 특정 조직이나 사용자층으로 좁혀 감행하는 공격입니다. 아는 사람이나 거래처를 가장하여 타깃에게 악의가 있는 파일을 첨부하거나 악의가 있는 웹 사이트로 유도하는 링크가 들어간 이메일을 보내는 등의 방법으로 컴퓨터나 휴대 전화 등 단말기를 **멀웨어**(악성 소프트웨어의 총칭)에 감염시킵니다. 멀웨어에 감염된 컴퓨터나 휴대 전화는 원격으로 조작되어 부정 액세스 등을 통해 내부 정보가 유출될 수 있습니다.

랜섬웨어

랜섬웨어는 트로이 목마(유용한 소프트웨어로 가장해서 설치되는 악성 소프트웨어)로 컴퓨터 내부에 침입하여 데이터를 암호화하거나 패스워드를 걸어 참조할 수 없게 합니다. 랜섬웨어에 감염되면 사용자가 데이터에 접근하려고 할 때 '데이터에 접근할 수 없다'고 경고하고 복원을 대가로 금전을 요구하는 사건도 일어나고 있습니다.

DoS 공격, DDoS 공격

이 공격들은 공격 목표 서버에 대량의 데이터를 전송하여 트래픽을 증가시킴으로써 네트워크 및 서버를 다운시키는 공격입니다.

컴퓨터 한 대로 공격하는 것이 **DoS 공격**, 컴퓨터 여러 대로 공격하는 것이 **DDoS 공격**입니다. DDoS 공격의 근원이 되는 컴퓨터에는 부정하게 해킹된 서버가 사용됩니다. 최근에는 클라우드 서비스가 보급되면서 인터넷에 직접 연결되어 있음에도 보안 대책이 불충분한 서버가 많은데, 이런 서버가 해킹되어 DDoS 공격에 사용되기도 합니다.

따라서 자신이 피해자이면서 가해자가 될 가능성이 높다고 할 수 있습니다. 인터넷에 연결된 서버를 관리할 때는 확실한 보안 대책이 요구됩니다.

F5 공격

DoS 공격, DDoS 공격의 일종으로, 웹 사이트에 접속하여 새로 고침을 대량으로 발생시킴으로써 서버를 과부하 상태로 만들어 다운시키는 것입니다. 컴퓨터 키보드의 F5 키가 화면을 새로 고침하는 명령어 키라는 점에서 **F5 공격**이라고도 합니다. 웹 사이트 읽기 자체는 불법적인 통신이 아니기 때문에 공격 여부를 감지하기 어려운 공격 기법입니다.

SQL 인젝션

DB 서버와 연계해서 동작하는 웹 애플리케이션 중에는 DB를 사용하기 위해 SQL문을 생성하고 처리하는 것들이 있습니다. 웹 애플리케이션에 취약점이 있으면 입력 양식에 악의적인 공격용 SQL문을 입력했을 때 그것을 SQL문으로 생성하여 DB 서버에서 처리하고, 결과적으로 부정하게 개인 정보나 기밀 정보 등을 빼낼 수 있게 됩니다. 이를 **SQL 인젝션**이라고 합니다.

크로스사이트 스크립팅

크로스사이트 스크립팅(XSS, cross-site scripting)은 SQL 인젝션과 마찬가지로 웹 애플리케이션의 취약성을 노린 공격입니다. 입력 양식에 악의적인 공격용 스크립트를 입력하여 스크립트가 실행되게 합니다.

무차별 대입 공격

ID와 패스워드 조합으로 로그인할 수 있는 시스템에 가능한 조합을 모조리 시도해서 부정하게 접근하려는 공격이 **무차별 대입 공격**[1]입니다. 인간이 수작업으로 하면 비현실적인 공격 방식이지만, 해킹 툴을 이용하면 쉽게 시도할 수 있는 공격입니다. 시스템 측에 아무런 방어 장치가 없으면 부정하게 접근되는 사례로 무차별 대입 공격이 가장 많습니다.

---

1 브루트 포스 공격(brute force)이라고도 합니다.

패스워드 리스트 공격

패스워드 리스트 공격은 다른 웹 사이트에서 부정한 방식으로 입수한 ID와 패스워드 세트를 이용해서 로그인을 시도하는 공격입니다. 사용자 대부분이 여러 시스템에서 ID와 패스워드를 돌려쓰는 경향이 있는 것을 이용한 공격입니다.

> **column ≡ 소셜 엔지니어링**
>
> 네트워크를 통한 시스템 공격만 있지는 않습니다. 인간의 심리를 악용한 공격도 시스템에 위협이 될 수 있습니다.
>
> 그 일례인 소셜 엔지니어링은 상당히 멋진 이름이지만, 컴퓨터나 네트워크 기술을 사용하지 않고 인간의 상호 작용을 통해 기밀 정보를 훔쳐 내는 것을 의미하기도 합니다. 은행 관계자를 사칭하여 전화로 패스워드를 알아내거나 쓰레기통에 버려진 서류에서 기밀 정보를 찾아내는 방법이 전형적인 예입니다.
>
> 기술적인 대책으로는 막을 수 없기 때문에 규칙을 만들거나 평소에 보안 교육을 실시하여 의식을 계몽하는 등 인적 측면에서 대책이 필요합니다.

7.3 네트워크 보안 대책

7.3.1 네트워크 기기와 서비스를 이용한 방어

위협에 대비하고자 기술적으로 시행하고 싶은 대책이나 도입해야 하는 시스템에 대해 설명합니다.

지금까지 가끔 등장했던 **방화벽**이란 네트워크 연결점이 되는 장소에서 통과시켜서는 안 되는 통신을 차단하는 시스템을 의미합니다(그림 7-5).

▼ 그림 7-5 방화벽

방화벽 형태는 다양합니다. 라우터의 정밀한 통신 제어 기능을 내장한 **어플라이언스형**(소프트웨어와 하드웨어가 세트가 되어 판매되는 제공 형태)이 있는가 하면, 컴퓨터 등에 설치하는 **소프트웨어형**도 있습니다.

패킷 필터링

방화벽 중에서도 대표적인 것이 **패킷 필터링**입니다. 문자 그대로 패킷을 필터링한다는 의미로, 패킷의 IP 주소와 포트 번호를 바탕으로 허가할 통신을 설정하고 그 이외의 통신은 거부하는 방식으로 동작합니다.

패킷 필터링을 하려면 허용할 통신 규칙과 차단할 통신 규칙 세트를 작성해야 합니다. 이를 **방화벽 규칙**이라고 합니다. 규칙을 나열할 때 중요한 것이 순서입니다. 통신을 허용할지 차단할지 결정할 때 규칙을 위에서 아래로 차례대로 대조하다가 해당하는 규칙이 있으면 그에 따라 결정하기 때문입니다.

'HTTP 통신을 허용한다'는 규칙이 있어도 '이 IP 주소는 HTTP 통신을 차단한다'는 규칙이 그 앞에 있다면 차단 규칙에 해당되는 주소는 HTTP 통신이 허용되지 않습니다.

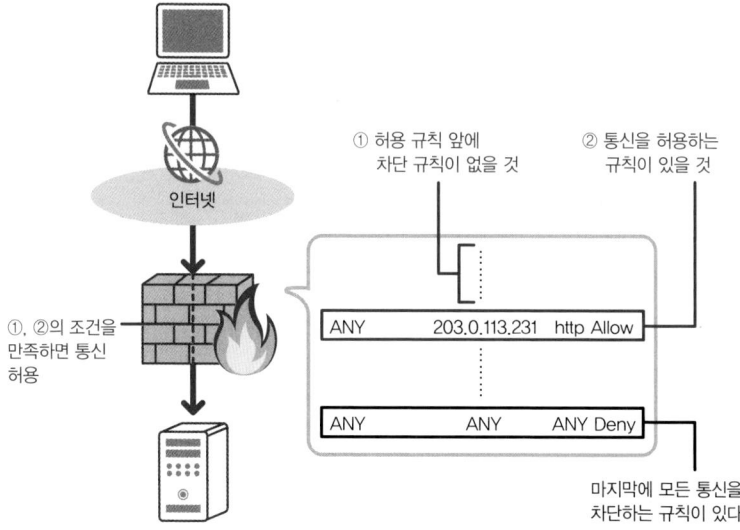

▼ 그림 7-6 방화벽 규칙

한편으로 이 규칙 순서가 반대로 되어 있다고 생각해 봅시다. 이때는 HTTP 통신을 허용하는 규칙 쪽이 먼저 판정되어 그 시점에서 통신이 허용되므로 나중에 통신을 거부하는 규칙은 효력이 없어집니다. 이처럼 패킷 필터링은 규칙 순서가 중요하다는 것을 기억해 둡시다.

또 규정으로 마지막에는 '모든 통신을 차단한다'고 하는 규칙을 넣습니다. 규칙에 맞는 통신만 통과시키고, 아무 규칙에도 맞지 않는 통신은 통과시키지 않게 하기 위함입니다. 마지막에 들어가는 모든 통신을 거부하는 규칙을 명시적으로 작성하기도 하지만, 기기에 따라서는 규칙에 해당하지 않는 통신은 모두 거부하는 동작을 하는 것도 있습니다. 이를 **암묵적 차단**이라고 합니다.

상태 기반 패킷 검사

패킷 필터링을 기본으로 하면서 침해를 강력하게 탐지하는 기술로, **상태 기반 패킷 검사**(SPI, Stateful Packet Inspection)가 있습니다. 이 기술은 TCP/UDP의 세션 상태 정보를 기억해서 정당한 순서의 TCP/UDP 세션인지 판단하고, 부정한 세션으로 판단된 패킷은 차단합니다.

상태 기반 패킷 검사는 내부에서 발신한 통신을 기억하고, 반환되는 통신이 이곳에서 발신한 통신에 대한 응답인지 판단합니다. 올바른 절차로 이루어진 통신은 허용되지만, 외부에서 시작된 통신은 외부에서 발신된 통신을 허용하는 규칙이 없는 한 올바른 절차를 밟은 통신으로 인정되지 않고 차단됩니다.

▼ 그림 7-7 상태 기반 패킷 검사

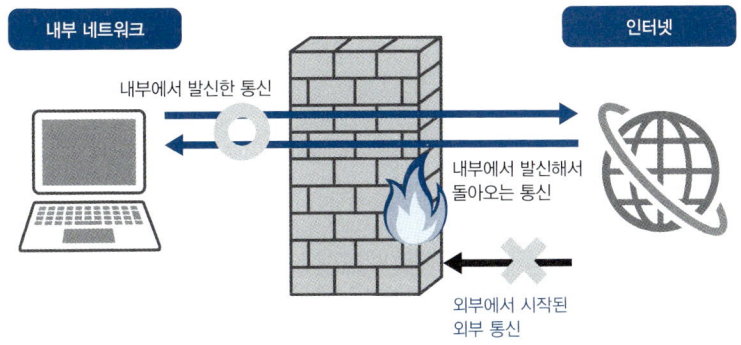

이 방식의 장점은 되돌아오는 통신을 판단할 때 동적으로 패킷을 필터링하는 것입니다. 평소에는 패킷 필터가 닫힌 상태이지만, 조건에 따라 자동으로 열리는 구조로 되어 있습니다.

좀 더 알기 쉽게 설명하면 원래 패킷 필터링은 '내부에서 나가는 패킷을 위한 규칙'과 '외부에서 들어오는 패킷을 위한 규칙'을 둘 다 설정해야 합니다. 하지만 상태 기반 패킷 검사 방식은 '내부에서 발신하는 통신을 허용하는 규칙'만 설정하면 상태를 기억해서 되돌아오는 통신인지 아닌지는 자동으로 판단하여 패킷을 통과시킵니다. 설정이 단순해서 좀 더 안전해집니다. 일반적인 방화벽 제품 외에 AWS의 가상 서버 서비스인 Amazon EC2의 보안 그룹도 같은 기능을 합니다.

DMZ

또 방화벽으로 구현할 수 있는 기능 중 하나는 비무장지대(DMZ, DeMilitalized Zone)입니다. 이는 DMZ라는 네트워크 세그먼트와 내부 네트워크 세그먼트를 분할하고, 공개 서버를 DMZ에 설치하여 DMZ에서 내부 네트워크로 통신을 제한함으로써 공개 서버가 해킹으로 공격 거점이 되었을 때도 내부 네트워크를 지킬 수 있는 보안 대책입니다.

▼ 그림 7-8 DMZ

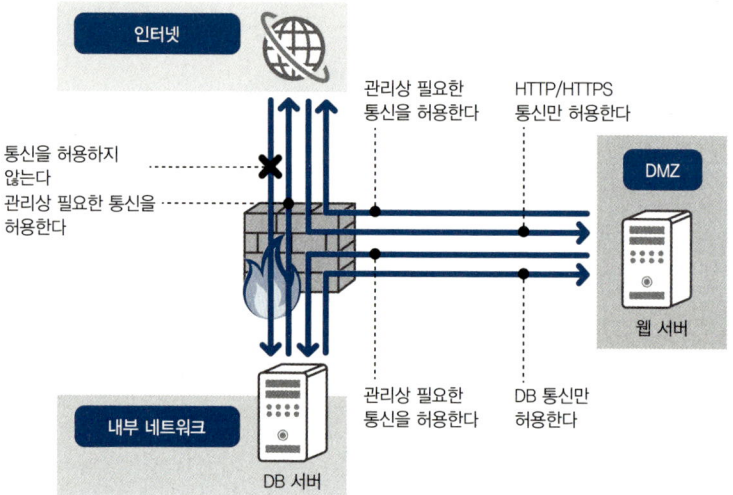

실습: 방화벽 규칙 작성하기(기초 편)

네트워크 보안 정책을 바탕으로 패킷 필터링형 방화벽 규칙을 작성해 봅시다. 네트워크 구성은 그림 7-9와 같고, 인터넷과 웹 서버 사이에 방화벽이 있습니다. 이 방화벽을 설정할 것입니다. 인터넷에서 웹 서버(IP 주소는 203.0.113.231)로 오는 통신을 허용 또는 차단하는 방화벽 규칙을 작성합니다.

▼ 그림 7-9 실습에 이용할 네트워크 구성

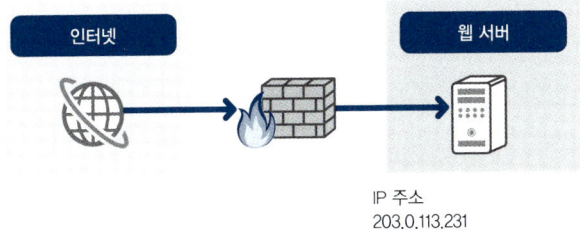

IP 주소
203.0.113.231

구현하고자 하는 패킷 필터링 규칙은 다음과 같습니다.

- 인터넷 전체에서 웹 서버의 HTTP(TCP/80)를 향한 통신 허용
- 인터넷 전체에서 웹 서버의 HTTPS(TCP/443)를 향한 통신 허용
- 그 밖의 통신은 모두 차단

이 방화벽에서는 표 7-1의 항목을 설정합니다. 실제로는 통신 방향을 설정하는 항목도 있어야 하지만, 이번 실습에서는 인터넷(외부)에서 내부 네트워크로 오는 통신을 제한하므로 그 점은 별로 신경 쓰지 않아도 괜찮습니다.

▼ 표 7-1 방화벽 설정 내용

Source (출발지)	Destination (목적지)	Service(통신을 허용/차단할 프로토콜과 포트 번호)	Permit/Deny (허용/차단)

설정할 항목은 4개입니다. Source는 패킷이 출발하는 출발지, Destination은 패킷이 도달할 목적지, Service는 통신을 허용/차단할 프로토콜과 포트 번호, Permit/Deny는 허용(permit)할지 차단(deny)할지 여부입니다. 출발지, 목적지, 프로토콜을 제한하지 않을 때, 예를 들어 인터넷 전체나 모든 서비스를 표현하고 싶을 때는 ANY 또는 ALL 등으로 많이 표기합니다. 또 이 방화벽에서는 암묵적 차단이 유효한 것으로 합니다.

정답은 표 7-2와 같습니다.

▼ 표 7-2 표 7-1의 정답

Source	Destination	Service	Permit/Deny
ALL	203.0.113.231	TCP/80	Permit
ALL	203.0.113.231	TCP/443	Permit

Source에는 인터넷에서 오는 모든 통신을 허용하기 때문에 ALL로 설정했습니다(ANY로 기재하는 방화벽도 있습니다). 이번에는 서버 한 대에서만 통신을 제어하므로 Destination에는 모두 같은 IP 주소가 들어갑니다.

다음은 Service를 설정합니다. 이 예에서는 HTTP와 HTTPS를 TCP/포트 번호로 기재했습니다(2.3.2절). 다만 방화벽에 따라서 자주 사용하는 서비스를 이름으로 지정할 수 있게 미리 설정된 경우도 있으므로 이곳에는 HTTP, HTTPS라고 써도 정답입니다.

실습: 방화벽 규칙 작성하기(응용 편)

이전 실습과 동일한 구성의 네트워크에 두 가지 요구 사항을 추가합니다.

- 198.51.100.0/24에서 오는 모든 통신을 차단한다.
- 단 198.51.100.233에서 오는 TCP/10500번 포트의 통신만 허용한다.

이 요구 사항을 조금 더 설명하겠습니다. 198.51.100.0/24는 어떤 클라우드 서비스의 IP 주소 범위(라는 설정)이며, '이 클라우드 서비스의 서버가 자주 해킹되어 DoS 공격 등을 받으므로 이런 통신을 차단하고 싶다'는 의도입니다.

한편 자사에서도 이 클라우드 서비스를 이용하고 있기에 198.51.100.233이라는 IP 주소를 가진 서버의 TCP/10500번 포트 통신은 허가하고 싶다는 요건도 동시에 만족해야 합니다(TCP/10500번 포트는 자빅스(Zabbix)라는 모니터링 소프트웨어가 에이전트와 통신할 때 사용하는 포트 번호입니다).

또 이전의 실습 과제였던 다음 요건도 동시에 만족해야 합니다.

- 인터넷 전체에서 웹 서버의 HTTP(TCP/80)용 통신 허가
- 인터넷 전체에서 웹 서버의 HTTPS(TCP/443)용 통신 허가

따라서 이번 과제는 모두 4행이 됩니다. 표 7-3의 빈칸을 채워 봅시다.

▼ 표 7-3 요구 사항을 추가한 방화벽 설정 내용

Source	Destination	Service	Permit/Deny

잠시 생각해 보고 정답과 함께 설명하겠습니다. 정답은 표 7-4와 같습니다.

▼ 표 7-4 표 7-3의 정답

Source	Destination	Service	Permit/Deny
198.51.100.233	203.0.113.231	TCP/10500	Permit
198.51.100.0/24	203.0.113.231	ALL	Deny
ALL	203.0.113.231	TCP/80	Permit
ALL	203.0.113.231	TCP/443	Permit

우선 최초로 198.51.100.233의 TCP/10500번 포트 통신을 허용했습니다. 그다음 198.51.100.0/24의 모든 통신을 차단했습니다.

이 순서가 매우 중요합니다. 방화벽은 차례로 규칙을 적용해 나가기 때문에 이 순서가 반대라면 '198.51.100.0/24의 모든 통신을 차단한다'는 규칙에 따라 198.51.100.233의 TCP/10500번 포트 통신은 차단되어 버립니다. 그래서 '198.51.100.233의 TCP/10500번 포트 통신을 허용한다' 규칙을 앞서 배치했습니다.

이번 실습 과제는 조금 어려웠을 수도 있지만, 실제로 네트워크 엔지니어로서 방화벽을 운용하다 보면 이런 요구 사항은 흔히 있습니다. 이번 실습도 실제로 있었던 요구 사항을 바탕으로 변형하여 실습 과제로 삼았습니다.

처음에는 어렵다고 느낄 수 있지만, 개념을 파악하고 나면 쉽게 이해할 수 있을 것입니다.

7.3.2 로그 분석

업무에서 사용하는 컴퓨터나 시스템을 조작하거나 변경한 이력을 **로그**라고 합니다. 로그를 관리함으로써 기록을 파악할 수 있으므로 로그를 얻는 것은 여러 가지 이점이 있습니다. 보안 대책 중 하나로 로그 분석을 들 수 있는데, **로그 분석**으로 기대할 수 있는 효과를 살펴보겠습니다.

외부에서 오는 부정한 액세스를 일찍 감지한다

로그를 적절히 분석하면 외부에서 오는 공격을 탐지할 수 있습니다. 누군가 침입했더라도 조기에 탐지할 수 있으므로 초기 대응을 서둘러 피해를 최소한으로 막을 수 있습니다.

내부 위협에 대응한다

보안 위협이 반드시 외부에서만 오는 것은 아닙니다. 내부 범행이나 조작 실수 등이 위협이 되기도 합니다. 시스템 변경 및 작업을 기록해 두면 이를 감지하고 추적할 수 있습니다.

SIEM

최근에는 다양한 네트워크 장비나 소프트웨어 등의 로그를 일원적으로 실시간 축적, 관리하고 외부에서 오는 침입 시도나 악성 소프트웨어 감염, 기밀 정보 유출이 의심되는 상황을 감지하여 관리자에게 통보하는 SIEM(Security Information and Event Management)이라는 소프트웨어를 사용합니다.

로그 여러 개를 대조하여 단일 네트워크 기기나 소프트웨어 로그만으로는 알 수 없는 이상 상태를 알아낼 수 있다는 점이 SIEM의 가장 큰 특징입니다. 또 사건 원인이나 피해 상황을 조사하고 지금 일어나고 있는 사태를 파악하여 피해 확산을 억제하는 데 이용되기도 합니다.

> **column ≡ 어려운 윈도의 로그 관리**
>
> 수많은 운영 시스템 중에서도 특히 로그 해석이 어려운 것이 윈도 로그입니다. 네트워크 기기나 다른 소프트웨어의 로그는 대체로 텍스트 데이터로 기록됩니다. 반면에 윈도 로그는 바이너리 형식이며, 로그 내용으로 이벤트 IDS/IPS만 기록되어 있고, 대응하는 메시지는 다른 파일을 참조해야 하는 방식으로 되어 있는 등 그 구조에 문제가 있다는 지적이 있습니다.

7.3.3 랜을 지키는 법

회사를 예로 들면, 정규직 사원과 아르바이트가 액세스하는 서버를 나누고 싶다는 요구 사항이 있을 수 있습니다. 이때 가장 간단한 방법은 네트워크 세그먼트를 분리하여 아르바이트용 네트워크 세그먼트에서 서버에 액세스할 수 없게 하는 것입니다.

이 방법은 게스트 랜을 준비할 때도 사용됩니다. 와이파이를 제공한다고 안내된 문구를 흔히 보았을 깃입니다. 최근에는 방문객에게 무선 랜 환경을 제공하는 곳도 흔해졌습니다. 업무용 무선 랜과는 별도로 게스트용 무선 랜을 준비하여 네트워크를 완전히 분리함으로써 보안을 확보하고 있습니다.

그 밖에도 여러 회사가 같은 층에 있고 각각 랜이 있을 때 다른 회사 사람이 랜에 접속하여 서버의 내용을 볼 수 있으면 문제될 수 있습니다. 이 경우 효과적인 대책으로 IEEE 802.1X라는 랜 환경에서의 사용자 인증 규격이 있습니다.

IEEE 802.1X는 컴퓨터가 랜에 접속했을 때 ID와 패스워드 입력을 요구하고 인증에 성공할 때만 통신할 수 있게 하는 것입니다(그림 7-10). 이 인증 규격은 유선 랜과 무선 랜에서 모두 적용할 수 있습니다.

❤ 그림 7-10 IEEE 802.1X

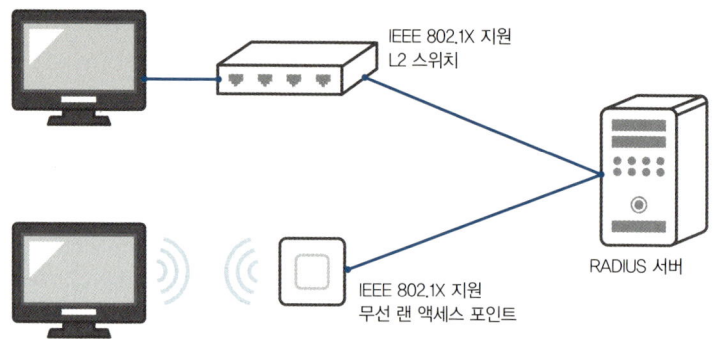

IEEE 802.1X 대응의 스위치/무선 랜 액세스 포인트가 필요한 점과 RADIUS 서버라는 인증용 서버를 준비해야 하는 점은 도입에 장벽이 됩니다.

7.3.4 컴퓨터 보안을 유지하는 법

요즘은 대부분 컴퓨터를 항상 인터넷에 접속한 상태로 이용합니다. 보안 위협의 대부분은 인터넷을 통해 오기 때문에 PC를 안전하게 유지하려면 평소에 보안 대책을 세워 둘 필요가 있습니다.

당연한 일이지만, 기본적으로 다음 대책을 들 수 있습니다.

- OS를 항상 최신으로 유지
- 바이러스 백신 소프트웨어를 설치하고 정의 파일을 항상 최신으로 유지
- 다요소 인증 사용

최근에는 노트북이 보급되면서 분실 및 도난 위험이 증가하고 있습니다.

또 수많은 컴퓨터를 관리해야 하는 정보 시스템 부서에서는 그 관리 방법이 과제가 되고 있습니다. 이런 과제를 해결하는 한 가지 방법으로 **씬 클라이언트**가 있습니다.

씬 클라이언트란 사용자 컴퓨터에 저장 매체를 탑재하지 않고, 네트워크를 경유해서 이용할 수 있게 하는 이용 형태를 의미합니다(그림 7-11). OS나 데이터는 서버에 저장되어 있고, 그것을 씬 클라이언트 단말에서 네트워크를 경유해서 이용하는 것입니다.

▼ 그림 7-11 씬 클라이언트

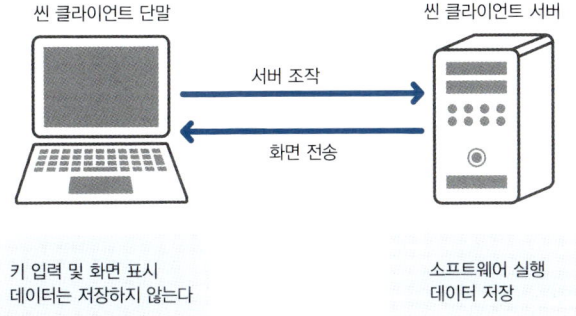

씬 클라이언트의 장점

씬 클라이언트에는 다음과 같은 장점이 있습니다. 우선 네트워크에 연결되어 있으면 어디에서나 이용할 수 있다는 점입니다. 예를 들어 서울, 대전, 부산, 목포에 지점을 둔 회사에서 근무하는 사람이 다른 지점으로 출장을 가야 한다

고 하겠습니다. 일반 노트북이라면 들고 다녀야 하지만, 씬 클라이언트라면 각 지점에 준비된 씬 클라이언트 단말을 사용하여 평소와 같은 환경에서 이용할 수 있습니다. 또 휴대할 수 있는 씬 클라이언트 단말을 사용하여 외출할 때도 이용할 수 있습니다(이 경우 VPN 등 인터넷에서 안전하게 통신할 수 있는 기술이 필요합니다).

중앙 집중식 관리가 가능한 점도 들 수 있습니다. 일반적으로 컴퓨터는 그 안에 OS나 소프트웨어가 설치되어 있습니다. 물리적으로나 논리적으로 분산된 상태이므로 OS나 소프트웨어 등의 업데이트와 같은 시스템 관리가 번거롭습니다. 씬 클라이언트를 이용하면 OS나 소프트웨어를 서버에서 관리하므로 클라이언트 시스템 전체를 중앙 집중식으로 관리할 수 있습니다.

분실이나 도난에 따른 정보 누설 위험성이 줄어드는 것도 장점 중 하나입니다. 씬 클라이언트 단말에는 데이터가 없으므로 분실이나 도난이 발생해도 정보를 지킬 수 있습니다. 당연히 분실된 씬 클라이언트를 사용하여 시스템에 액세스할 수 없도록 인증은 확실하게 해야 합니다.

씬 클라이언트의 단점

씬 클라이언트의 단점은 다음과 같습니다.

우선 네트워크의 부하가 커진다는 점입니다. 그동안 개인용 컴퓨터 안에서만 흐르던 OS나 소프트웨어 데이터가 네트워크를 통해 흐르게 되므로 네트워크 부하가 증가합니다. 그러므로 씬 클라이언트를 도입하려면 네트워크 환경을 다시 검토해야 합니다.

초기 투자가 커지는 것도 단점입니다. 앞서 말한 네트워크 환경의 재검토를 포함해서 씬 클라이언트 단말이나 서버의 도입 등 씬 클라이언트를 도입하려면 초기 투자가 필요합니다. 서버 부분은 가상 데스크톱 서비스(DaaS)를 이용해서 초기 비용을 줄일 수 있지만, 대신 이 경우에는 월 비용이 들어가기 때문에 비용 대비 효과를 고려해서 도입해야 합니다. 하지만 네트워크는 서버를 이용하든 서비스를 이용하든 간에 네트워크를 경유하여 이용한다는 사실은 변하지 않으므로 반드시 다시 검토해야 하고, 비용도 아마 발생할 것입니다.

씬 클라이언트에는 몇 가지 방식이 있습니다.

- 컴퓨터 한 대에 서버 한 대를 준비한다.
- 서버 한 대 안에 가상 컴퓨터를 여러 개 만든다.
- 서버 한 대, OS 1개를 여러 사람이 공유해서 이용한다.

특정 방식이 최선이라는 것은 아니고, 모든 방식에 장단점이 있으므로 본인의 이용 상황을 충분히 고려해서 선택해야 합니다.

7.4 네트워크 모니터링 패턴

7.4.1 네트워크와 서버의 모니터링 패턴

이 장을 시작할 때 네트워크 운용 업무 중 하나로 '모니터링'이 있다고 소개했습니다. 여기에서는 네트워크나 서버를 모니터링하는 패턴을 설명합니다. 네트워크나 서버 모니터링에서는 '어디서부터, 무엇을, 어떻게' 모니터링할지 중요합니다. 그 부분도 연관 지어 설명해 나가겠습니다.

리소스 모니터링

서버나 네트워크 기기의 메모리, CPU 사용률, 디스크 용량 등을 모니터링하는 것을 넓은 의미에서 **리소스 모니터링**이라고 합니다. 리소스 모니터링은 서버나 네트워크 기기가 동작하는 데 병목 현상이 일어나는지와 향후 서버나 네트워크 기기의 동작에 영향을 주는 일이 일어나는 것을 사전에 감지하려고 시행합니다.

트래픽 모니터링

서버나 네트워크 기기의 통신량을 모니터링하는 것을 **트래픽 모니터링**이라고 합니다. 트래픽 모니터링의 목적은 리소스 모니터링에 가까워서, 서버나 네트워크 기기가 동작하는 데 병목 현상이 발생하고 있는지 모니터링합니다. 서버나 네트워크 기기의 동작에 영향을 줄 가능성을 사전에 감지하는 대책 중에서 네트워크 전송량에 주목한 것을 트래픽 모니터링이라고 합니다.

서버에 액세스가 집중되어 대역을 다 쓴다거나 왠 회선의 대역이 부족해지는 등의 문제를 발견하고자 랜과 왠 양쪽에서 네트워크 대역을 모니터링하는 것이 중요합니다.

이 두 가지 모니터링은 주로 랜 쪽에 모니터링 서버를 설치해서 시행하는 경우가 많습니다(최근에는 모니터링 서비스를 제공하는 SaaS 등도 있으므로 이 경우는 예외입니다).

다음으로 소개할 것은 '외부에서 모니터링해야 의미'가 있는 외부 모니터링입니다.

헬스 체크

예를 들어 웹 사이트를 운영하는 경우, 웹 사이트가 항상 정상적으로 열람이 되고 있는지가 굉장히 중요합니다. 그래서 서버가 정상적으로 동작하고 있는지 모니터링하는 것이 헬스 체크[2]입니다.

그중에서도 인터넷을 통해 ping을 보내거나 웹 서버와 다른 장소에 설치한 모니터링 서버에서 인터넷을 통해 HTTP 요청을 보내고, 응답하는 상태 코드를 확인해서 200(OK)이 아니면 통보하는 등 '외부에서 모니터링'하는 것이 **외부 모니터링**입니다. 최근에는 SSL/TLS 인증서의 유효 기간이 다가오지 않았는지 등도 모니터링할 수 있게 되었습니다.

---

2 역주 사활 모니터링이라고도 합니다.

7.4.2 모니터링 소프트웨어

네트워크와 서버의 모니터링 소프트웨어 중에서 대표적인 것을 몇 가지 소개합니다.

Zabbix

자빅스(Zabbix)는 서버 네트워크 애플리케이션을 통합 모니터링하는 소프트웨어입니다. 오픈 소스 소프트웨어로 개발되었지만, 라트비아의 Zabbix SIA 회사가 주체가 되어 개발하는 소프트웨어이며 무료로 모든 기능을 사용할 수 있는 것이 특징입니다(Zabbix SIA는 소프트웨어 라이선스가 아닌 지원, 교육 등으로 이익을 얻습니다).

웹 사용자 인터페이스로 설정할 수 있고, 규칙을 바탕으로 자동으로 모니터링 항목을 가져오거나 생성해 주는 기능(로우 레벨 디스커버리)이 특징입니다. 또 스크립트를 모니터링 대상 서버에서 실행하고 그 결과를 가져올 수 있는 기능도 있습니다.

Nagios

나기오스(Nagios)는 오래전부터 사용되던 모니터링 소프트웨어입니다. 자빅스는 단독으로 리소스 모니터링, 트래픽 모니터링, 사활 모니터링을 모두 지원하는 반면, 나기오스는 기본적으로 사활 모니터링을 수행하는 소프트웨어입니다. 자빅스는 설정과 모니터링 데이터를 데이터베이스로 관리하지만, 나기오스는 설정과 모니터링 데이터를 텍스트 파일로 관리하는 것이 특징입니다. 이 설정용 텍스트 파일을 편집해서 모니터링을 설정하는데, 구성이 간단해서 프로그램으로 설정을 자동화하기 좋은 것도 특징이라고 할 수 있습니다.

munin

무닌(munin)은 서버에서 정보를 가져와 그래프화하는 리소스 모니터링 소프트웨어입니다. 통지 기능이 없어 나기오스와 함께 사용할 때가 많습니다.

Prometheus

프로메테우스(Prometheus)는 자빅스와 같은 카테고리에 속하는 통합 모니터링 소프트웨어입니다. 모니터링 대상이 동적으로 변하는 환경에서 리소스 모니터링으로 설계되었습니다. 특히 마이크로서비스 모니터링 등에서 주목받고 있습니다.

Elasticsearch

일래스틱서치(Elasticsearch)는 모니터링 소프트웨어가 아니라 데이터를 수집하고 전체 텍스트 검색을 수행하는 기능을 제공하는 소프트웨어입니다. 로그 분석 등의 분야에서 활용됩니다.

Grafana

그라파나(Grafana)는 모니터링 소프트웨어가 아니라 다른 모니터링 소프트웨어나 로그 관리 기반이 취득한 데이터를 일람할 수 있는 대시보드를 구축하는 소프트웨어입니다. 대시보드는 웹 인터페이스로 이용할 수 있고, 그래프 작성 및 배치 조작도 쉽게 할 수 있습니다. 자빅스만으로도 그래프를 표시할 수 있지만, 그라파나는 여러 자빅스 서버의 그래프를 나란히 표시하거나 복수의 소프트웨어가 혼재하는 환경에서도 여러 데이터를 가지런하게 대시보드에 그래프로 표시하여 볼 수 있습니다.

Mackerel

매커럴(Mackerel)은 SaaS로서 제공되는 모니터링 소프트웨어입니다. 서버 위주로 모니터링해서 네트워크 기기는 모니터링할 수 없지만, 도입이 매우 간단하고 그래프 표시나 설정을 이해하기 쉬워 최근에 채용 사례가 증가하고 있습니다.

8장

네트워크의 패턴

8.1 가정 네트워크의 패턴

8.2 회사 네트워크의 패턴

8.3 인터넷 VPN

8.4 웹 서비스 네트워크의 패턴

8.5 인터넷의 상호 접속 패턴

8.6 네트워크 이중화

8.7 인터넷 회선 고속화

8.1 가정 네트워크의 패턴

8.1.1 가정 네트워크

가정 네트워크을 '실내 네트워크'와 '인터넷으로 외부와 연결되는 부분'으로 나누어 살펴보겠습니다.

실내 네트워크에는 유선 랜과 무선 랜이 있습니다(그림 8-1). 대부분 유선 랜과 무선 랜이 혼재하는 환경이지만, 유선 랜으로만 구성되거나 무선 랜만으로 구성된 환경도 있을 것입니다.

▼ 그림 8-1 가정 네트워크

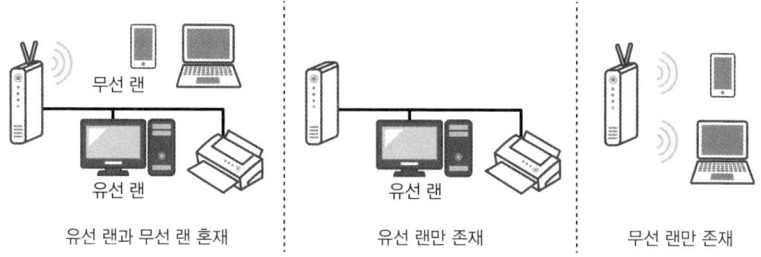

무선 랜에는 2.4GHz 대역과 5GHz 대역 두 종류가 있습니다. 2.4GHz 대역은 장애물에 강하고 지원하는 기기가 많고, 5GHz 대역은 속도가 빠르고 혼잡하지 않은 것이 특징입니다. 한쪽만 사용하는 경우도 있고, 양쪽 모두를 사용하는 경우도 있습니다.

무선 랜의 라우터(액세스 포인트)에는 **SSID**가 설정되어 있습니다. SSID는 무선 랜의 액세스 포인트를 식별하는 이름으로, SSID를 지정해서 컴퓨터나 휴대 전화가 무선 랜에 접속할 수 있습니다.

무선 랜 암호화 방식에는 **WEP**, **WPA**, **WPA2** 세 종류가 있습니다. 이 중 WEP는 취약성이 발견되었기 때문에 사용해서는 안 됩니다. WPA와 WPA2는 이용할 수 있지만, WPA도 취약하기 때문에 WPA2로 전환해야 한다고 되어 있으므로 특별한 이유가 없으면 WPA2를 이용해야 합니다.

또 WPA2의 개선된 버전인 **WPA3**도 등장했지만, 아직 보급되지 않은 규격이라는 점과 일찌감치 취약성이 발견되면서 마이그레이션[1]이 본격적으로 진행되지 않은 것 같습니다.

> 💡 **실습: 컴퓨터의 무선 랜 접속 조사하기**

내 컴퓨터의 무선 랜이 어떻게 연결되어 있는지 알아봅시다. 무선 랜을 지원하는 윈도 10 컴퓨터로 확인하는 방법은 다음과 같습니다.

윈도 **시작** 버튼 옆 검색 박스에 cmd를 입력하고 Enter 키를 눌러 명령 프롬프트를 엽니다. 명령 프롬프트가 열리면 netsh wlan show interface를 입력하고 Enter 키를 누릅니다.

코드 8-1 netsh 명령 실행 예

```
> netsh wlan show interface

시스템에  1  인터페이스가  있습니다.

        이름                   : Wi-Fi
        설명                   : Intel(R) Wi-Fi 6 AX201 160MHz
        GUID                   : 6956fd64-ad56-4587-8455-2a7b110dee14
        물리적 주소             : d8:3b:bf:4d:ca:1a
        인터페이스 유형         : 기본
        상태                   : 연결됨
        SSID                   : guest
        BSSID                  : 74:da:88:d4:7a:4b
        네트워크 종류           : 인프라
```

---

1 한 운영 체제에서 더 나은 운영 체제나 새로운 운영 체제로 옮기는 것을 의미합니다.

```
송수신 장치 종류        : 802.11ac
인증                  : WPA2-개인
암호화                : CCMP
연결 모드             : 자동 연결
밴드                  : 5GHz
채널                  : 36
수신 속도(Mbps)       : 866.7
전송 속도(Mbps)       : 866.7
신호                  : 99%
프로필                : guest

호스트된 네트워크 상태  : 사용할 수 없음
```

인증 부분에 암호화 방식의 규격이 표시됩니다. 여기에서는 WPA2-개인이라고 표시되어 있습니다.

WPA2는 앞서 설명한 대로이지만, 그 뒤에 붙어 있는 '개인'은 무엇일까요? 무선 랜에 접속할 때 패스워드를 입력하는데, 이때 SSID에 공통 패스워드를 사용해서 인증하는 것이 개인입니다. IEEE 802.1X를 사용해서 인증하는 것은 '엔터프라이즈'가 됩니다.

8.1.2 인터넷에 연결하자

집에서 인터넷으로 외부와 연결되는 부분은 어떻게 되어 있을까요? 인터넷으로 연결할 수 있는 회선에는 광 회선이나 ADSL 등 고정 회선 외에 휴대 전화 전파나 WiMAX 무선 회선도 있습니다(그림 8-2). ADSL 속도는 통신 사업자의 수용국에서 떨어진 거리와 그 사이에 있는 장애물 등으로 크게 바뀌지만, 광 회선의 속도는 그런 영향을 받지 않기에 비교적 안정되어 있습니다.

▼ 그림 8-2 집에서 인터넷으로 외부와 연결되는 부분

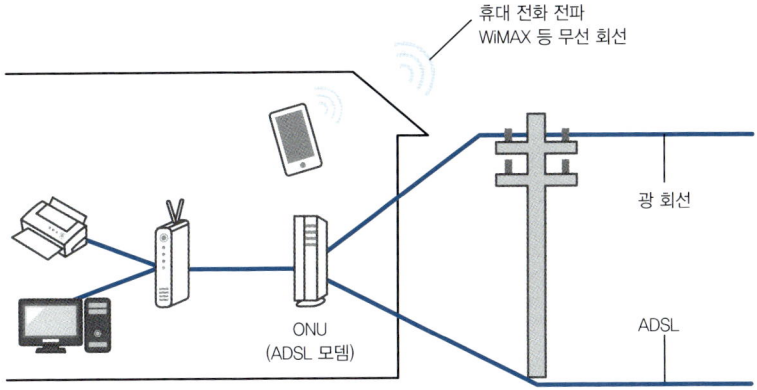

일시적으로 이용하고 싶을 때나 광 회선 등 고정 회선의 영역 밖일 때는 무선 회선이 편리하지만, 통신량이나 속도 등에 제한이 있을 수도 있어 지나치게 많은 데이터양을 통신하기에는 적합하지 않을 때가 많으므로 주의합시다. 제한 사항 등은 서비스에 따라 다르므로 계약 전에 반드시 확인하는 것이 좋습니다.

8.2 회사 네트워크의 패턴

8.2.1 회사 내 네트워크

회사 네트워크에서는 VLAN 가상 랜 기술을 이용하여 랜을 분할하기도 합니다. VLAN이란 물리적인 연결과는 독립된 형태로 가상의 랜을 만드는 기술입니다. 그림 8-3에서 왼쪽은 VLAN 하나로 구성된 네트워크이고, 오른쪽은 VLAN10과 VLAN20이라는 두 VLAN으로 나누어진 네트워크입니다.

❤ 그림 8-3 VLAN 예

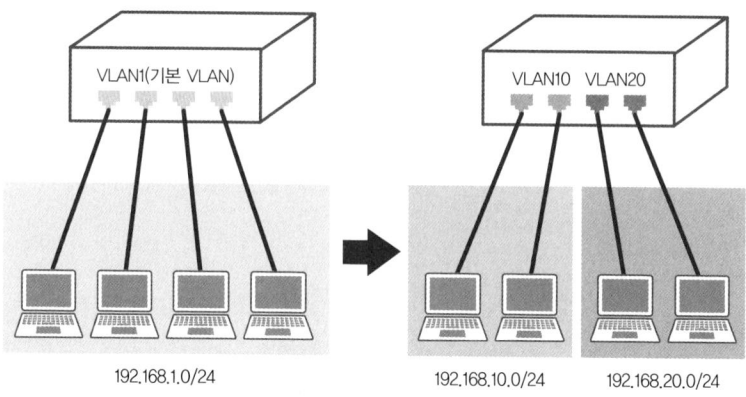

VLAN에는 몇 가지 특징이 있습니다. 첫 번째 특징은 **브로드캐스트 도메인 분할**입니다. 랜 전체에 패킷을 보내는 브로드캐스트를 2장에서 설명했습니다. 이 통신이 닿는 범위를 브로드캐스트 도메인이라고 합니다.

브로드캐스트는 랜 전체에 패킷을 전송하므로 대상이 되는 컴퓨터와 네트워크 기기의 대수가 많을수록 네트워크에 부하가 걸립니다. 이 범위를 좁혀 통신량 절감을 도모하고자 대상이 400대인 곳을 100대씩 4개로 분할하는 것이 브로드캐스트 도메인 분할의 개념입니다.

2.1.3절에서 설명한 ARP가 브로드캐스트를 사용한 예입니다. ARP는 브로드캐스트 통신을 이용하여 통신할 기기의 MAC 주소를 찾아냅니다. 브로드캐스트를 이용하기 때문에 ARP가 동작할 때마다 랜 전체에 트래픽이 흐르게 됩니다.

VLAN의 두 번째 특징은 여러 스위치에 걸쳐 설정할 수 있다는 것입니다. 예를 들어 VLAN10을 관리부, VLAN20을 기술부로 하여 부서별로 VLAN을 나눌 수 있습니다. 또 빌딩 안의 다른 층에 걸쳐 두 부서가 있다고 가정해 봅시다(그림 8-4). 이 경우에도 각 층에 각 부서용 VLAN을 배치할 수 있습니다.

▼ 그림 8-4 각 층에 걸쳐 부서별로 나눈 VLAN

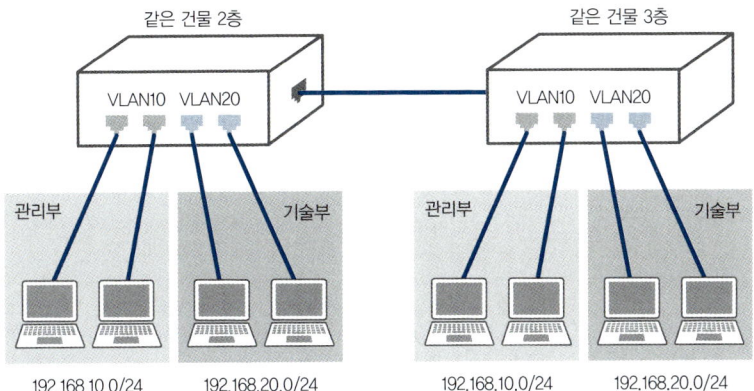

여기에서 왼쪽 스위치와 오른쪽 스위치를 연결하는 랜 케이블에는 VLAN10과 VLAN20의 통신이 흐릅니다. 각각의 VLAN 통신에 VLAN 번호(태그)를 붙여 구별함으로써 랜 케이블 하나에 여러 VLAN 통신이 지나갈 수 있게 되어 있습니다. 이를 **태그 기반 VLAN**이라고 합니다.

각 스위치에는 VLAN 번호가 설정된 포트가 있고, 이곳에서 태그가 제거되어 일반 랜 통신으로 각 VLAN으로 흘러갑니다. 이 포트에 대해 VLAN이 구성된 포트를 **포트 기반 VLAN**이라고 합니다. 컴퓨터를 연결할 때 사용하는 것이 포트 기반 VLAN이고, 스위치와 스위치 사이에 VLAN을 통과시키는 데 사용하는 것이 태그 기반 VLAN입니다. 스위치와 스위치 사이에 VLAN을 통과시킴으로써 별도의 스위치라도 동일한 VLAN에 속해 있으면 통신할 수 있습니다.

8.2.2 회사 지점 사이를 연결하는 네트워크

지금까지 회사 내 네트워크를 이야기했는데, 이번에는 회사 밖을 살펴보겠습니다. 본사와 멀리 떨어진 각 지점을 연결하는 네트워크에는 어떤 종류가 있을까요?

기업용 네트워크에는 **액세스 회선**과 **망**이라고 하는 기본 개념이 있습니다. 각 지점과 망을 연결하는 왠 회선이 **액세스 회선**, 액세스 회선 간 통신을 중개하여 각 지점에서 서로 통신하도록 하는 데 사용되는 것이 망입니다.

여기에서 먼저 소개할 것은 **폐역망**을 사용한 거점 간 접속 서비스입니다. 폐역망이라고 하는 것은 인터넷을 경유하지 않는 닫힌 망이라는 의미입니다. 서비스 변화가 매우 많았던 분야이지만 오늘날에도 현역으로 사용되는 것이 광역 이더넷과 IP-VPN입니다.

광역 이더넷

광역 이더넷은 이름 그대로 거점 사이를 이더넷으로 접속하는 이미지입니다(그림 8-5). 2계층 접속(왠 너머로 랜을 그대로 연장하는 이미지)이므로 전체를 랜 네트워크 세그먼트 하나로 만들 수 있고 IP 이외의 프로토콜을 통과시킬 수도 있습니다. 또 각 거점의 네트워크 기기 설정도 직접 관리하므로 높은 자유도가 필요한 네트워크에 적합합니다.

▼ 그림 8-5 광역 이더넷

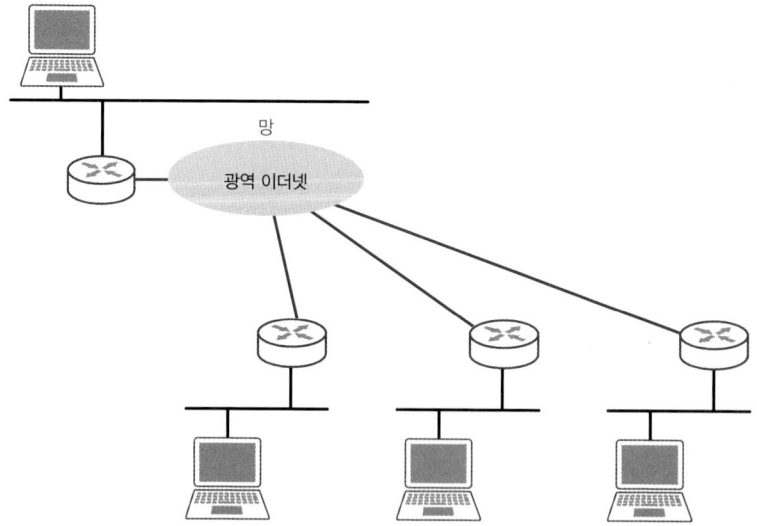

IP-VPN

IP-VPN은 왠 회선을 사용하여 통신 사업자의 폐역망에 3계층으로 접속합니다(라우터를 사이에 두고 랜과 랜을 연결하는 이미지, 그림 8-6). 각 거점에 설치된 라우터와 그 맞은편의 망측 라우터 모두 설정과 관리를 통신 사업자에게 위탁합니다.

▼ 그림 8-6 IP-VPN

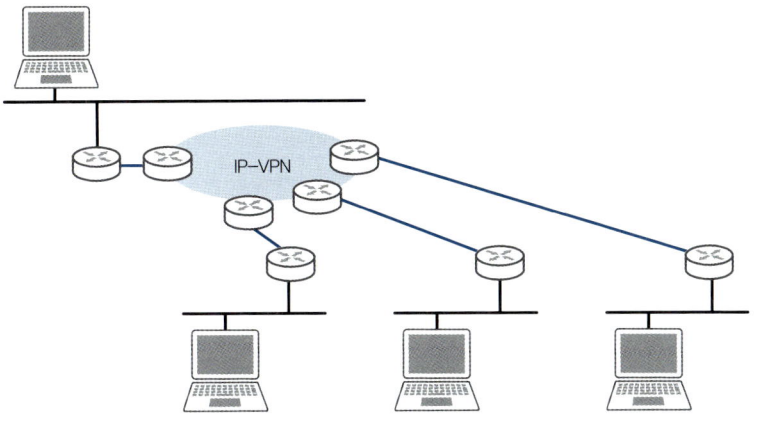

Tip ★ 광역 이더넷과 IP-VPN은 이용 가능한 왠 회선과 비용에 큰 차이가 없다고 합니다.

인터넷 VPN

거점 간 통신을 폐역망이 아니라 인터넷으로 하는 것을 **인터넷 VPN**이라고 합니다(그림 8-7). 인터넷 VPN은 앞으로 자세히 설명하겠습니다.

▼ 그림 8-7 인터넷 VPN

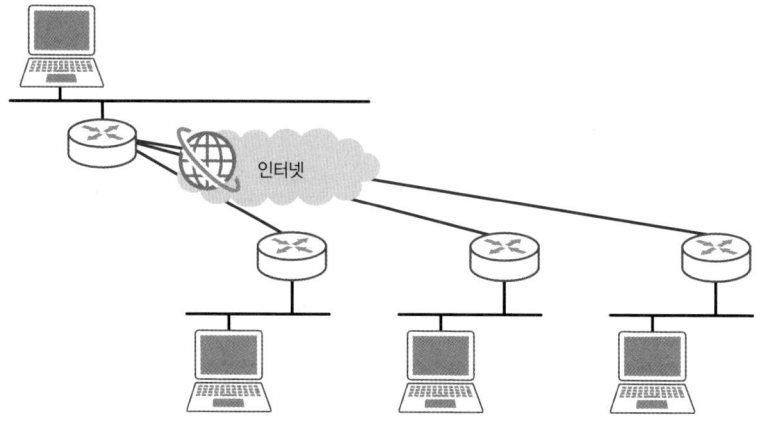

전용선

오늘날에는 망과 액세스 회선이라는 개념이 있는 **거점 간 네트워크**가 중심이지만, A 지점과 B 지점을 직접 연결하는 **전용선** 서비스도 존재합니다. 회선 비용은 A 지점과 B 지점의 거리를 바탕으로 계산되며, 여기에 회선 대역의 요소를 더해 가격이 결정됩니다.

8.2.3 액세스 회선의 종류

앞서 소개한 광역 이더넷이나 IP-VPN에서 언급한 기업의 지점끼리 연결할 수 있는 회선 서비스를 좀 더 자세히 살펴보겠습니다.

이런 서비스를 구성하는 요소로는 망과 액세스 회선이 있습니다. 망은 각 거점 간 통신을 통과시키는 데 사용되고, 액세스 회선은 각 거점과 망을 연결하는 왠 회선입니다. 광역 이더넷이면 광역 이더넷망, IP-VPN이면 IP-VPN망처럼 '서비스 = 망'과 같은 이미지로 망을 파악하면 충분합니다.

액세스 회선에는 여러 종류가 있습니다. 표 8-1에 정리했습니다.

▼ 표 8-1 액세스 회선의 종류(NTT 커뮤니케이션즈[2] 예)

메뉴	개요	제공 지역	품목
버스트 이더 타입	대역폭 보증 서비스	전국	• 버스트 10 • 버스트 100
NTT.Com 광 액세스 이용	NTT 커뮤니케이션즈가 제공하는 회선 서비스 (다크 파이버[3])	전국	• 10Mbps, 100Mbps, 1Gbps • 포트 속도는 0.5Mbps~1Gbps
NTT 동일본, 서일본 와이드 이용	NTT 동서회사[4]의 회선 서비스 사용	전국	0.5~100Mbps
전력계 NCC 이용	전력계 지역 통신 회사의 회선 서비스 이용	각 지역 회사에 따름	• 10Mbps, 100Mbps, 1Gbps • 포트 속도는 0.5~10Mbps, 10~100Mbps, 100Mbps~1Gbps
STM 타입	NTT 동서회사의 디지털 액세스(ISDN[5])	담당자에게 문의 필요	64~128Kbps

이렇게 종류가 많은 이유는 통신에 대한 다양한 요구에 대응하기 위해서입니다. 예를 들어 규격상 최고 속도는 정해져 있고, 실제로 어느 정도 속도가 나오는지는 그때의 환경에 따르는 회선 서비스를 **베스트 에포트(best-efforts)(최선 노력)형**이라고 합니다. 반면에 규격상 최고 속도 외에 어떤 상태에서도 일정 속도를 보증하는 보증 대역을 결정할 수 있는 것을 **개런티(보증)형**이라고 합니다. 가격은 베스트 에포트형이 개런티형보다 저렴합니다.

---

2 일본전신전화 주식회사를 중심으로 하는 전화 사업체 그룹을 가리킵니다. 우리나라의 KT와 같습니다.
3 부설된 광 회선 중 사용하지 않는 것. NTT 커뮤니케이션즈와 NTT.Com 광 액세스에서는 광 회선 설비를 가진 회사로부터 사용하지 않는 부분을 빌려서 서비스를 제공합니다.
4 역주 NTT 커뮤니케이션즈의 자회사입니다.
5 기존 전화 회선으로 디지털 신호를 보내 통신하는 방식. 전화 회선을 사용하므로 대응 지역이 넓은 것이 특징이지만, 속도는 64~128Kbps로 느립니다.

그 때문에 베스트 에포트형 액세스 회선을 이용할 때가 많습니다. 한편 매우 중요한 데이터를 다룰 때는 개런티형 액세스 회선을 선택합니다.

구분 기준

회선은 주로 세 가지 기준에 따라 선택합니다.

첫째, 대역폭 보증이 필요한지 아닌지 여부입니다. 대역폭 보증이 필요하면 버스트 이더 타입을 선택하고, 대역폭 보증이 필요하지 않으면 다른 유형을 선택합니다.

둘째, 어느 회사의 회선을 채용할 것인가 하는 점입니다. 예를 들어 메인 회선으로 KT의 광 액세스를 채용하고 서브 회선으로 전력계 NCC를 채용한다면 통신 회사가 다르므로 동시에 장애가 일어나는 것을 피할 수 있다는 회선 **이중화** 관점에서 선택합니다.

셋째, 설치할 장소에 그 회선을 부설할 수 있는가 하는 점입니다. 광 회선이라도 어느 업자의 회선을 어디로 끌어올 수 있는지 다르고(최근에는 큰 차이가 없지만 이전에는 꽤 차이가 있었음), 설비상의 문제로 광 회선을 설치할 수 없어 기존 전화선을 채용하는 STM 타입을 선택하는 사례도 없지 않습니다. 이 경우는 광 회선을 지원하는 지역이 확대되면서 점점 줄어들어 배관 등의 문제로 실내로 광 회선을 끌어올 수 없을 때만 채용하는 정도입니다. 여담이지만, 광 회선이 보급되기 전에는 ADSL도 액세스 회선으로 많이 사용되었습니다. 그러나 광 회선이 널리 보급되면서 가격이 내려가자 점차 광 회선으로 전환되고 있습니다.

> 💡 실습: 회사 네트워크 설계하기

여기에서 회사 네트워크 설계를 실습해 봅시다.

그림 8-8의 랜에 VLAN을 할당하는 연습을 합니다. 두 스위치 사이는 포트 1끼리 연결되며, 그 사이를 태그가 지정된 VLAN을 이용하여 여러 VLAN이 지나게 합니다. 부서별로 표 8-2처럼 VLAN을 나눕니다.

▼ 표 8-2 부서별 VLAN

VLAN	부서
VLAN10	관리부
VLAN20	기술부
VLAN30	영업부

위 스위치와 아래 스위치의 포트 2~5에는 각각 어떤 VLAN을 할당할까요?

▼ 그림 8-8 VLAN 할당

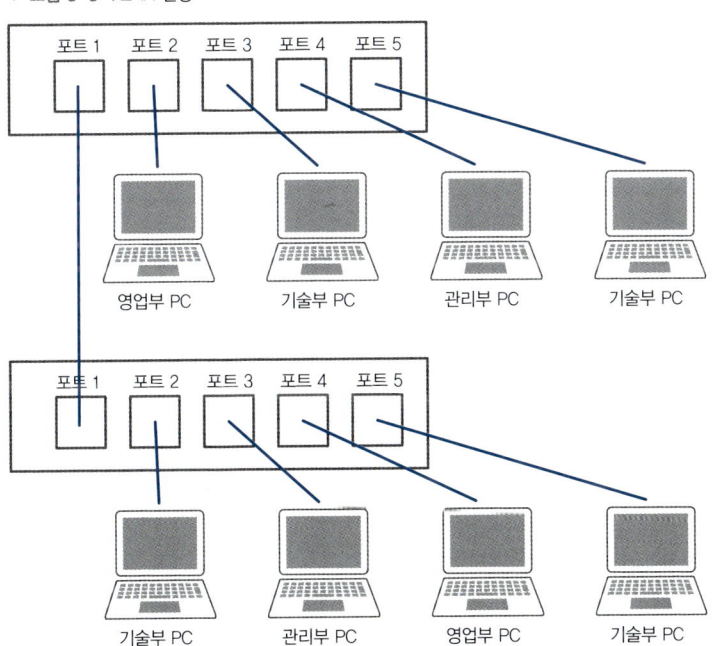

정답은 표 8-3과 표 8-4입니다.

▼ 표 8-3 위 스위치

포트	VLAN
포트 2	VLAN30
포트 3	VLAN20
포트 4	VLAN10
포트 5	VLAN20

▼ 표 8-4 아래 스위치

포트	VLAN
포트 2	VLAN20
포트 3	VLAN10
포트 4	VLAN30
포트 5	VLAN20

8.3 인터넷 VPN

8.3.1 인터넷 VPN의 특징

회사의 각 지점을 연결하는 네트워크로 조금 전에 소개한 광역 이더넷과 IP-VPN은 '인터넷을 경유하지 않는 닫힌 네트워크'인 폐역망을 이용하는 거점 간 접속 서비스입니다. 반면에 **인터넷 VPN**(Virtual Private Network)은 인터넷상에 만들어진 가상적인 전용 네트워크입니다. 각 거점에 인터넷 회선을 깔고 VPN 장치를 설치하여 각 거점을 VPN으로 연결함으로써 폐역망을 사용한 네트워크보다 비교적 저렴하게 거점끼리 연결할 수 있습니다(**거점 간 VPN**). 이때 네트워크 안에 만드는 논리적인 통로를 **터널**이라고 합니다.

또 외부에 있는 컴퓨터와 거점에 있는 VPN 장치에서 터널을 만들어 사내 네트워크에 접속하는 **원격 액세스 VPN** 형태도 많이 이용됩니다(그림 8-9).

▼ 그림 8-9 거점 간 VPN과 원격 액세스 VPN

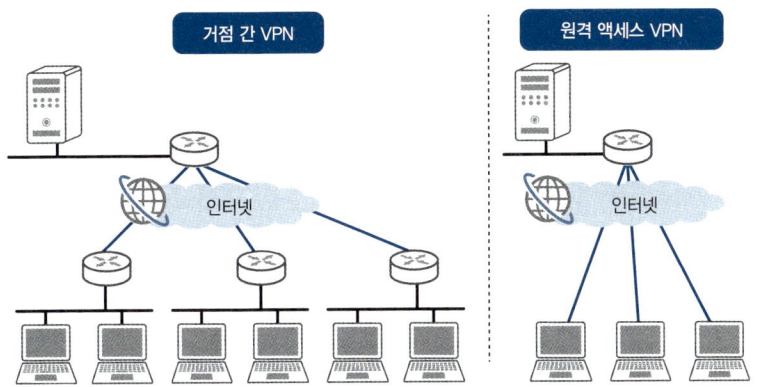

인터넷을 거치면 항상 도청이나 조작 등의 위험이 따릅니다. 따라서 VPN은 인증 및 암호화를 위한 다양한 기술을 이용하여 보안을 강화해야 합니다.

8.3.2 VPN 방식

다음으로 VPN 방식을 소개합니다. VPN에 필요한 기능은 다음 세 가지입니다.

① 터널을 만드는 기능

② 암호화 기능

③ 인증 기능

다음 소개하는 방식 중 IPsec-VPN과 SSL-VPN에는 ①, ②, ③ 기능이 모두 있습니다. L2TP는 ①의 기능만 있고 ②, ③의 기능은 없어 ②, ③의 기능은

IPsec-VPN 기능을 사용하여 실현하고 있습니다. 이런 방식들은 완전히 별개로 존재할 뿐만 아니라 부족한 부분을 보충하는 보완 관계에 있습니다.

IPsec-VPN

IPsec-VPN은 IPsec을 사용하여 암호화하는 VPN 방식입니다. IPsec은 암호화 기술로 통신의 무결성과 기밀성을 실현하는 메커니즘입니다. 터널 구축부터 암호화까지 IPsec 기술 범위에 포함됩니다.

SSL-VPN

SSL-VPN은 SSL/TLS를 사용하여 암호화하는 VPN 방식입니다. 예전에는 애플리케이션마다 정상적으로 동작하는지 확인해야 하는 등 제약이 컸던 방식입니다. 하지만 최근에는 다른 방식과 마찬가지로 터널을 구축하여 통신하고 SSL/TLS를 사용해서 암호화함으로써 다른 VPN 방식과 거의 다름없이 사용할 수 있습니다.

L2TP

L2TP는 네트워크 간 가상 터널을 구축하는 기술입니다. L2TP 자체에는 암호화나 인증 메커니즘이 없어 IPsec-VPN과 조합하여 통신 내용을 암호화하고 인증함으로써 데이터의 기밀성이나 무결성을 확보합니다.

8.3.3 인터넷 VPN을 이용한 거점 간 연결과 원격 접속

인터넷 VPN으로 거점과 거점을 연결하는 방법이나 외부에서 접속하는 방법을 살펴보겠습니다.

가장 기본이 되는 것이 거점과 거점을 일대일로 연결하는 방법입니다(그림 8-10).

▼ 그림 8-10 거점과 거점을 일대일로 연결

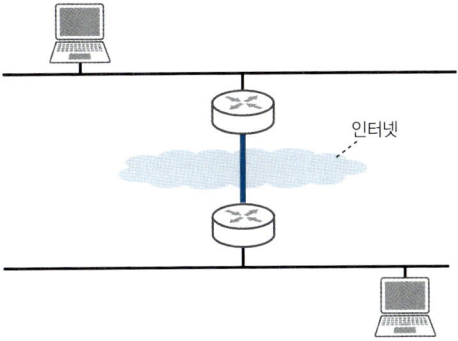

이어서 거점이 3개 이상인 경우에 각 거점을 연결하는 방식을 살펴보겠습니다(그림 8-11). 주된 거점(예 본사)을 중심에 두고 각 거점과 연결하는 방식을 스타형이라고 합니다. 스타형은 본사 이외의 거점끼리 통신할 때도 반드시 본사를 경유하는 것이 특징입니다. 그러나 본사를 경유하는 방식이기 때문에 각 거점 간 통신이 많이 발생하면 통신상 병목이 될 가능성이 있다는 단점이 있습니다.

▼ 그림 8-11 거점 간 VPN(스타형)

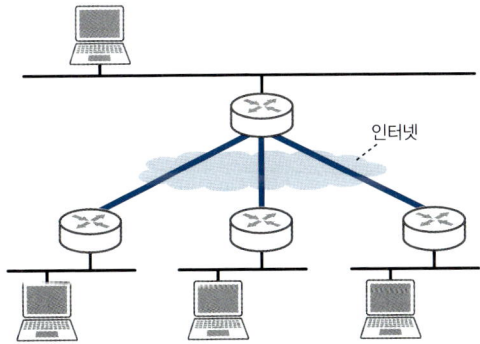

모든 거점을 서로 직접 연결하는 풀 메시(full mesh) 방식이 있습니다(그림 8-12). 거점 간 통신이 많아도 중심 거점이 병목되지 않는 것은 장점이지만, 관리가 복잡합니다. 연결 거점이 하나 늘어날 때마다 전체 거점 설정을 변경해야 합니다. 최근에는 풀 메시의 거점 간 연결을 자동으로 관리해 주는 기능을 제공하는 네트워크 장비 제조업체도 있습니다.

▼ 그림 8-12 거점 간 VPN(풀 메시형)

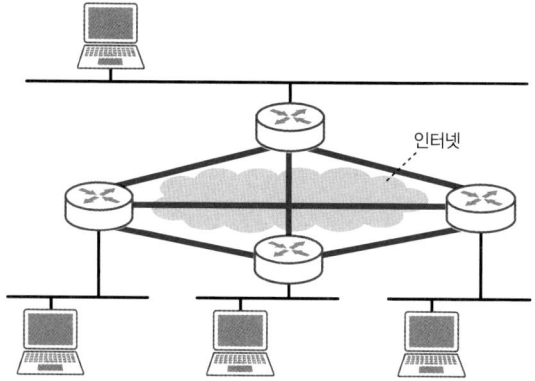

다음 구성 사례는 인터넷 VPN에서 장애가 발생했을 때 ISDN으로 연결하고 통신을 계속하는 백업 회선이 있는 경우입니다(그림 8-13). 장점으로는 회선의 이중화로 내장애성이 높아지는 점을 들 수 있습니다. 단점으로는 ISDN 연결을 지원하는 전용 라우터가 필요한 점, ISDN이 종량 과금 방식이라 네트워크 비용이 변동될 수 있는 점(기업에 따라서는 인프라 비용이 변동하는 것을 원하지 않는 경우도 있음), ISDN 회선 속도가 느린 점 등을 들 수 있습니다.

▼ 그림 8-13 ISDN으로 백업되고 있는 거점 간 VPN

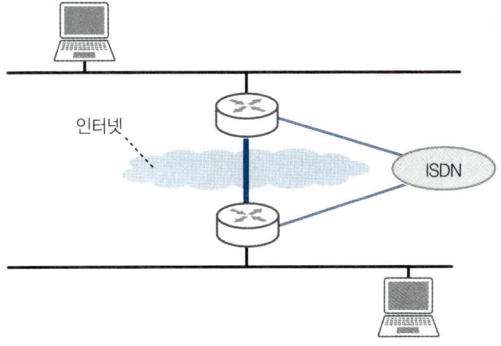

최근에는 백업 회선으로 ISDN처럼 고정 회선이 아닌 LTE 등 모바일 네트워크를 이용하는 경우도 있습니다. 장점은 ISDN보다 빠르다는 점, 계약 플랜에 따라서는 정액으로 할 수 있다는 점 등이 있습니다. 단점으로는 주로 사용하는 광회선 등과 비교하면 속도 제한 등이 걸리기 쉬워 제약이 많은 회선이라는 점을 들 수 있습니다.

또 인터넷 VPN에서는 거점과 거점을 연결하는 것 외에 노트북 등에서 인터넷을 경유하여 라우터로 VPN 접속을 하는 방법도 있습니다(원격 액세스 VPN, 그림 8-14). 접속한 거점을 경유해서 다른 거점과 통신할 수도 있습니다.

▼ 그림 8-14 원격 액세스 VPN

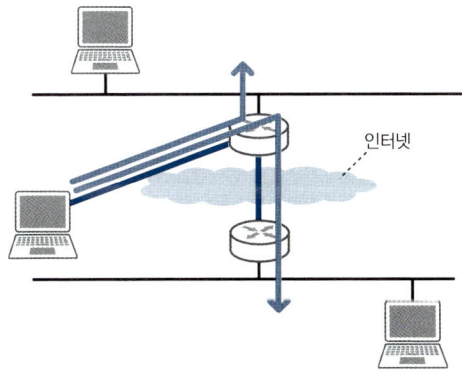

이어서 기업 네트워크 내부에 서버가 있고 이 서버에 액세스하는 경우의 경로를 소개합니다. 가장 많은 사례는 본사에 서버가 설치되어 있고, 본사나 각 지점에서 접속할 때입니다(그림 8-15).

▼ 그림 8-15 기업 네트워크 내부의 서버에 액세스하는 경로

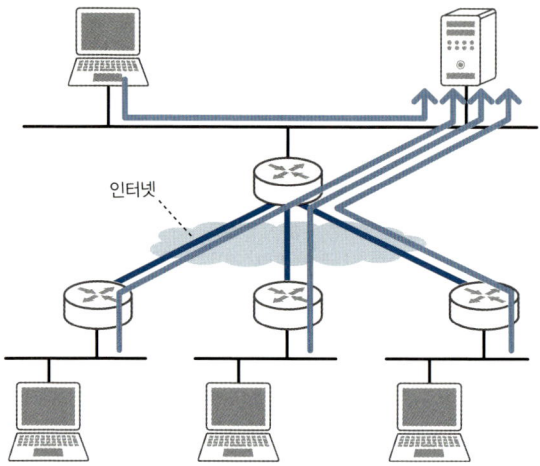

서버를 본사에 두지 않고, 설비적으로 안정된 데이터 센터에 둘 때도 있을 것입니다. 이 경우에는 그림 8-16에 나타낸 네 가지 방법이 있습니다.

- 본사를 주 거점으로 보고 본사를 경유하여 데이터 센터에 접속한다.
- 데이터 센터를 주 거점으로 보고 데이터 센터를 중심으로 한 스타형 인터넷 VPN으로 한다.
- 풀 메시로 각 거점에서 직접 데이터 센터에 액세스한다.
- 본사와 데이터 센터 양쪽을 주 거점으로 보고 각각 VPN으로 접속한다(각 거점은 2줄의 VPN을 연결하는 형식이 된다).

▼ 그림 8-16 데이터 센터에 액세스하는 경로

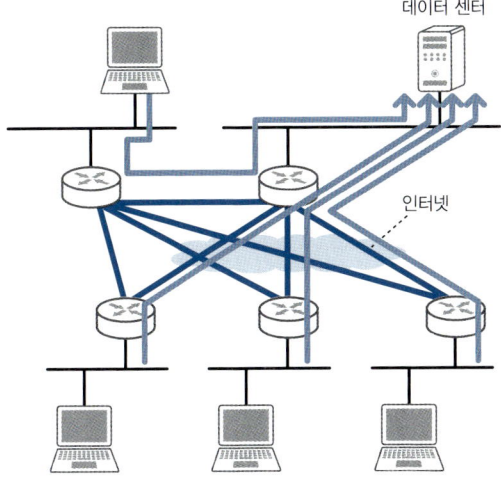

최근에는 물리적 데이터 센터에서 클라우드(IaaS)로 전환한 기업도 있을 것입니다. IaaS에서도 VPN을 통해 각 거점과 연결하는 기능을 제공하고 있어 안전하게 서버에 액세스할 수 있습니다(그림 8-17).

▼ 그림 8-17 IaaS 서버에 액세스하는 경로

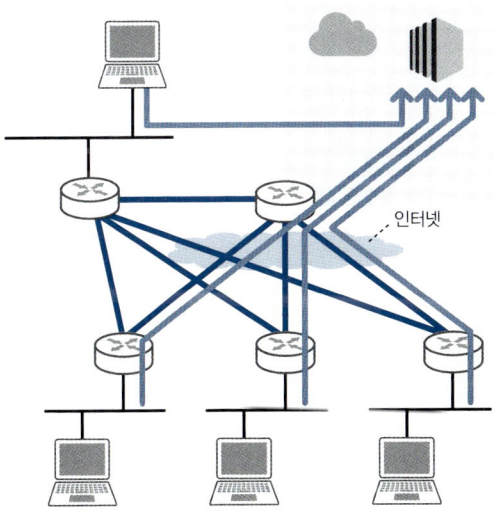

클라우드를 마치 하나의 거점처럼 접속하려면 인터넷 VPN만이 아니라 앞서 설명한 광역 이더넷이나 IP-VPN에도 클라우드 접속 옵션이 준비되어 있어야 하고 클라우드 사업자가 제공하는 전용 회선 서비스도 있어야 합니다. 클라우드마다 제공하는 서비스가 다르므로 사용할 클라우드에는 어떤 방법이 있는지 살펴보아야 합니다.

8.3.4 제로 트러스트 네트워크

제로 트러스트 네트워크란 엄격한 ID 검증 프로세스에 근거한 네트워크 모델을 의미합니다. 제로 트러스트 네트워크의 개념 자체는 2010년에 포레스터 리서치(Forrester Research)가 제창한 것으로 그다지 새로운 개념은 아닙니다. 최근 네트워크 경계[6]에서 방어도 한계를 보이고 제로 트러스트 네트워크 도입을 위한 환경도 충실해졌으며, 코로나 여파로 원격 근무를 전제로 하는 사회가 되어 시스템에 접속하는 장소에 좌우되지 않는 이용 형태가 필요하여 권장하게 된 것입니다.

지금까지 소개한 원격 액세스 VPN에서는 외부 네트워크에서 내부 네트워크로 연결해서 시스템에 접근을 허가했습니다. 제로 트러스트 네트워크는 내부 네트워크의 접근이라고 하더라도 믿지 않는다는 방침을 기초로 애플리케이션 액세스(세션) 단위로 접근을 허가하는 방식을 취합니다.

어떤 애플리케이션에 접근할 경우, 회사 내부에서 접근이든 외부에서 접근이든 간에 통일된 인증을 기반으로 한 **패스워드 인증**과 **다요소 인증**(원타임 패스워드) 등을 병용하여 ID 검증 프로세스를 엄격하게 실시합니다. ID 검증 프로세스를 통과해서 허용된 접근은 해당 애플리케이션에서만 허용됩니다. VPN은 네트워크에 대한 접속이기 때문에 한 번 접속하면 여러 애플리케이션에 접근할 수 있

---

[6] 네트워크 경계란 신뢰할 수 있는 네트워크(사내 랜 등)와 신뢰할 수 없는 네트워크(일반적으로 불특정 다수의 이용자가 있는 인터넷)의 경계로 그 경계선에서 방화벽, UTM, 라우터 등으로 방어됩니다.

지만, 제로 트러스트 네트워크에서는 애플리케이션별로 ID 검증 프로세스가 되고 통신이 허용됩니다.

이 시스템이 보급되어 모든 애플리케이션에 대응할 때 지금까지 사내 네트워크라는 개념은 사라지고, 인터넷 회선과 제로 트러스트 네트워크 시스템으로 보호되는 애플리케이션만 남는 미래를 그리는 회사도 있습니다.

8.4 웹 서비스 네트워크의 패턴

8.4.1 클라우드인가? 물리인가?

그다지 큰 대규모가 아닌 한 웹 서비스 사업자가 직접 백본 네트워크[7]를 구축하고 인터넷에 연결하지 않기 때문에, 여기에서는 호스팅/하우징 및 클라우드(IaaS)를 이용한다고 가정합니다.

어떤 경우이든 글로벌 IP 주소가 할당된 곳, 인터넷까지 접속하는 네트워크 구성은 사업자 측이 관리하므로 보이지 않는(볼 일이 없는) 부분입니다. 회선 대역을 선택할 수 있는 서비스도 있습니다. 전용 호스팅 서비스나 하우징 서비스, 주요 클라우드 사업자라면 대부분 선택할 수 있습니다. 물론 사업자마다 다른 부분이므로 꼭 확인해야 합니다.

---

[7] 여러 다양한 네트워크를 상호 연결하는 컴퓨터 네트워크의 일부이며, 각각 다른 랜이나 부분 망 간에 정보를 교환하는 경로를 제공합니다.

8.4.2 클라우드의 네트워크

클라우드는 대부분 사용한 만큼 요금이 부과되는 가격 체계이므로 네트워크 요금에도 전송 요금이라는 것이 있습니다. 이렇기 때문에 인터넷에서 클라우드로 향한 통신(인바운드 트래픽)에는 요금이 부과되지 않는 경우가 많습니다. 과금 대상이 되는 것은 클라우드에서 인터넷으로 나가는 통신(아웃바운드 트래픽)입니다(그림 8-18).

이 때문에 CDN 등을 활용하여 트래픽양을 줄이고 비용 최적화를 도모합니다. CDN도 전송량에 따라 비용이 들어가니 전체를 보고 비용과 퍼포먼스의 균형을 잡으면서 결정해야 합니다.

▼ 그림 8-18 인바운드 트래픽과 아웃바운드 트래픽

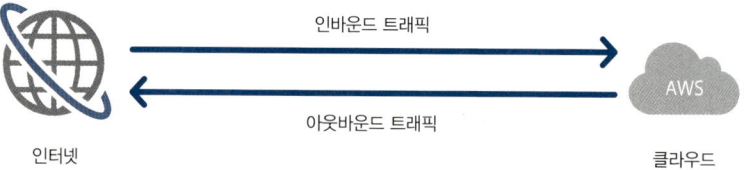

8.4.3 웹 서비스의 네트워크 구성

웹 서버는 항상 인터넷에 공개되어 서비스를 제공합니다. DB 서버는 인터넷에 공개하지 않고 프라이빗 네트워크에서 웹 서버와 통신하는 구성이 일반적이지만, 웹 서버와 DB 서버를 컴퓨터 한 대로 운영할 수 있습니다(그림 8-19).

▼ 그림 8-19 웹 서버와 DB 서버의 구성 예

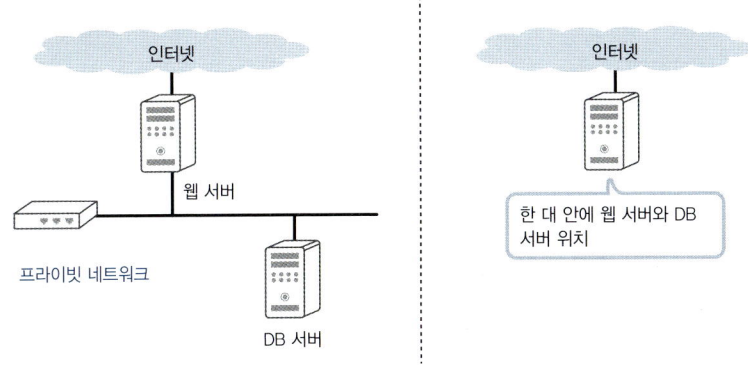

웹 서버와 DB 서버를 여러 대 준비해서 처리 성능과 내장애성을 높이는 구성도 있습니다(그림 8-20). 로드 밸런서(L4 스위치/L7 스위치)나 리버스 프록시를 사용해서 트래픽을 분산합니다.

▼ 그림 8-20 웹 서버와 DB 서버가 여러 대 있는 경우

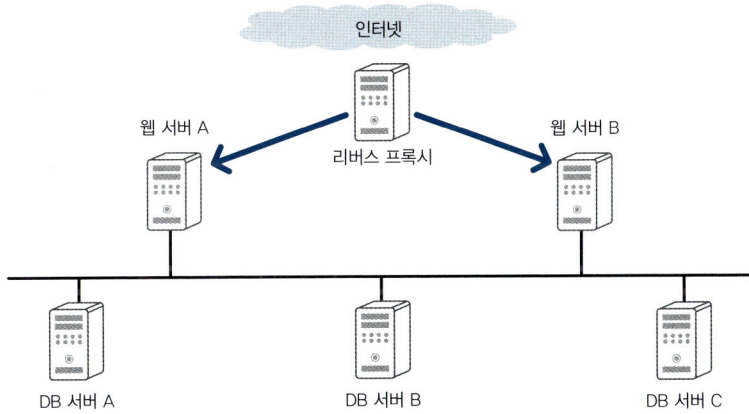

전면에 이들을 배치하여 오리진 서버에 대한 액세스를 줄이고 시스템 전체 성능을 향상시킵니다. 이 구성에서는 웹 사이트의 이미지를 다른 호스트 이름으로 하여 CDN을 경유함으로써 이미지 트래픽을 줄이고, 웹 사이트 탐색 속도의 고속화를 노립니다.

8.5 인터넷의 상호 접속 패턴

8.5.1 인터넷의 상호 접속

1장에서 소개한 것처럼 인터넷은 전 세계 여러 조직의 네트워크가 상호 연결되어 있으며, 이 조직의 단위를 자율 시스템(AS)이라고 합니다(이 책에서는 '조직'이라고 합니다). 이 조직이 많이 연결되어 있던 것이 인터넷입니다. 조직 예로는 SK브로드밴드, KT 등 인터넷 서비스 제공자(ISP)가 있습니다. 여기에서는 인터넷에서 각 조직이 어떻게 서로 연결되어 있는지 자세히 설명해 보겠습니다.

조직 간 연결에는 크게 **피어링**과 **트랜짓**이라는 두 가지 형태가 있습니다. 피어링은 조직이 다른 조직을 거치지 않고 직접 접속하는 것이며, 트랜짓은 한 조직이 다른 조직에 대한 접속을 중계하는 것입니다(그림 8-21).

❤ 그림 8-21 피어링과 트랜짓

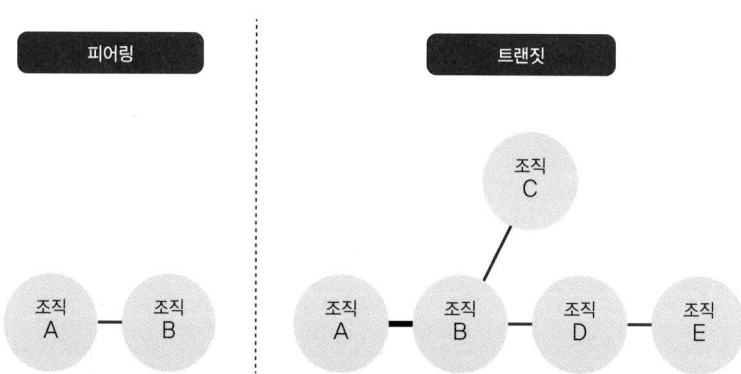

8.5.2 피어링

앞서 피어링은 조직끼리 다른 조직을 거치지 않고 직접 통신하는 것이라고 설명했습니다. 여기에서 좀 더 구체적으로 살펴보겠습니다.

피어링의 조건은 '모종의 방법으로 조직끼리 물리적으로 접속되어 있을 것'과 '조직끼리 라우팅(어떤 경로로 통신할지 제어)하는 조정과 설정이 되어 있을 것' 두 가지입니다.

또 이들 조건 이외에 각 조직에서는 '애초에 피어링을 받아들일지 말지'를 결정하는 **피어링 정책**을 규정하고 있습니다.

피어링 자체는 원칙적으로 무상으로 하지만, 조직 규모가 다른(한쪽이 크고 다른 쪽이 작은) 경우에는 유료로 피어링할 때도 있습니다. 이것을 **페이드 피어링**(paid peering)이라고 합니다.

프라이빗 피어링

조직끼리 전용 회선을 사용하여 일대일로 직접 접속하는 형태입니다(그림 8-22). 특정 조직과 통신량이 많을 때 이 형태를 선택합니다.

▼ 그림 8-22 프라이빗 피어링

직접 접속하는 회선 비용이 중요하므로 많은 도시에서는 통신 사업자나 콘텐츠 사업자(이른바 조직 단위를 이루는 사업자)가 어느 특정의 빌딩에 통신 거점을 설치하고 빌딩 내 회선을 통해 상호 접속하는 형태로 되어 있습니다. 이런 통신 사업자가 집적되어 있는 빌딩을 **캐리어 호텔** 등으로 부르기도 합니다(그림 8-23).

▼ 그림 8-23 캐리어 호텔을 매개로 한 피어링

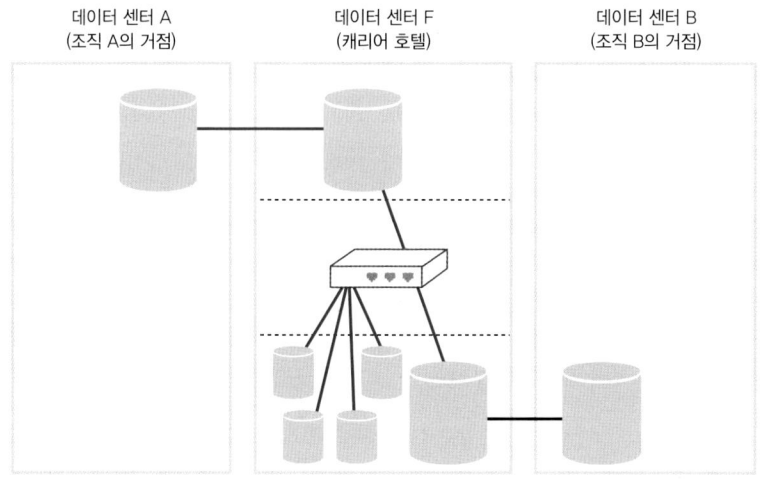

퍼블릭 피어링

인터넷 익스체인지(IX, Internet eXchange)라는 상호 접속점을 통해 다대다 피어링을 하는 형태입니다(그림 8-24). IX를 관리하는 사업자가 운영하는 L2 스위치군에 다수의 조직이 물리적으로 접속되고, 그다음 IX에 접속된 조직끼리 논리적으로 피어링할지를 개별적으로 결정합니다. 이렇게 함으로써 많은 물리적 회선을 부설하지 않고도 여러 조직과 피어링할 수 있습니다.

▼ 그림 8-24 인터넷 익스체인지(IX)

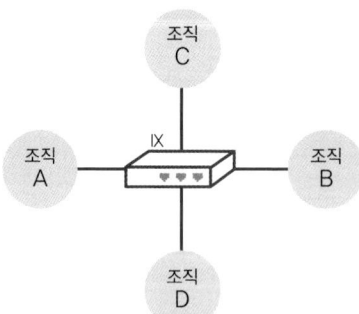

IX에 접속하려면 IX의 L2 스위치군이 설치된 접속 거점까지 회선을 준비해야 하며, 대부분 IX 사업자에게 접속 요금을 지불해야 합니다. 한국에서 IX는 주식회사 등 영리 법인이 운영하고 IX 운영 자체를 조직 수익으로 삼는 경우가 일반적입니다. 하지만 다른 나라에서는 NPO 법인이 비영리사업으로 IX를 운영하거나 데이터 센터 사업자가 본업인 데이터 센터 사업의 고객을 확보하는 차원에서 비교적 저렴하게 가격을 설정하는 등 IX 운영 자체를 조직 수익으로 삼지 않는 경우도 볼 수 있습니다. 게다가 무료 IX가 일반적인 나라도 있습니다.

국내 대표적인 IX 사업자는 다음과 같습니다.

- KT
- SK브로드밴드
- LG유플러스
- 케이아이엔엑스
- 한국인터넷진흥원(비영리)

8.5.3 트랜짓

트랜짓은 한 조직이 접속된 다른 조직에 인터넷 접속을 중계하는 방식입니다. 기본적으로 유료 통신 서비스로 제공됩니다. 회선 하나와 조직 하나를 매개로 인터넷에 연결되므로 트랜짓 접속 비용이 드는 반면에, 회선 비용과 피어링을 위한 조정을 생략할 수 있는 장점이 있습니다.

그림 8-25의 예에서는 조직 B가 조직 A에 트랜짓 서비스를 제공한다고 가정합니다. 조직 A는 조직 B와 연결함으로써 조직 C, 조직 D, 조직 E와도 통신할 수 있습니다.

트랜짓 서비스라도 마케팅을 위해 IX로 칭하는 경우가 있습니다. 이 때문에 명칭만으로는 IX인지 트랜짓인지 판단할 수 없습니다. 인터넷 트래픽에 관한 국제 연구 기관인 Packet Clearing House(PCH) 정보를 바탕으로 IX인지 트랜짓인지 분류하기도 합니다.

▼ 그림 8-25 조직 B가 조직 A에 제공하는 트랜짓

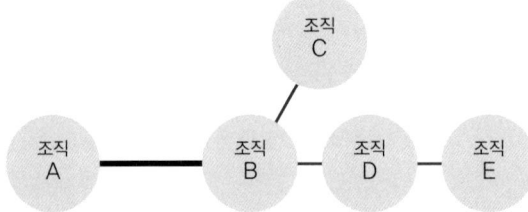

8.6 네트워크 이중화

BASIC OF NETWORK

이중화란 일부 장애가 발생했을 때를 대비하여 장애가 발생한 후에도 기능을 계속 유지할 수 있도록 예비 기기를 평소에 백업으로 배치해서 운용하는 것입니다. 이 절에서는 네트워크 신뢰성을 높이고자 네트워크를 이중화하는 구체적인 방법을 설명합니다.

8.6.1 본딩/티밍

본딩(bonding)/티밍(teaming)은 포트 여러 개를 묶어서 사용하는 것입니다(그림 8-26). 서버 하나에 랜 포트 여러 개를 제공하여 그중 하나가 실패해도 통신을 계속할 수 있습니다. 크게 세 종류의 패턴으로 나눌 수 있습니다.

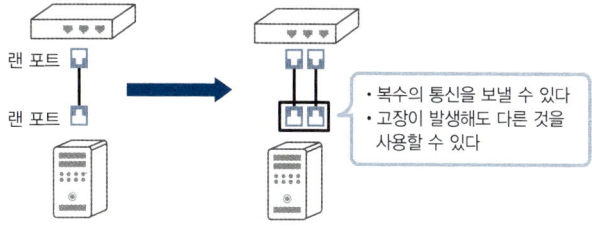

▼ 그림 8-26 본딩/티밍

로드 밸런싱(load balancing)

통신을 여러 랜 포트로 분산해서 보냄으로써 통신 속도 향상을 목표로 합니다.

링크 애그리게이션(link aggregation)

여러 랜 포트를 묶어 하나의 논리적인 랜 포트로 취급합니다. 여러 랜 포트로 통신을 보낼 수 있으므로 대역폭이 늘어나 어느 랜 포트에 장애가 발생해도 정상인 랜 포트로 통신을 계속할 수 있습니다.

폴트 톨러런스(fault tolerance)

앞의 두 가지 패턴과 달리 순수하게 내장애성을 높이는 데 사용됩니다. 랜 포트 2개를 묶어 하나를 활성화하고, 다른 하나는 대기 상태로 설정합니다. 활성화된 랜 포트에 장애가 발생하면 대기 중인 포트로 전환하여 통신을 계속합니다.

8.6.2 멀티호밍

멀티호밍(multihoming)이란 인터넷으로 가는 길인 인터넷 회선을 여러 개 계약해서 트래픽을 분산함으로써 속도 향상을 도모하거나, 어느 쪽 인터넷 회선에 장애가 발생하더라도 다른 회선으로 통신을 계속할 수 있게 하는 것입니다(그림 8-27).

▼ 그림 8-27 멀티호밍

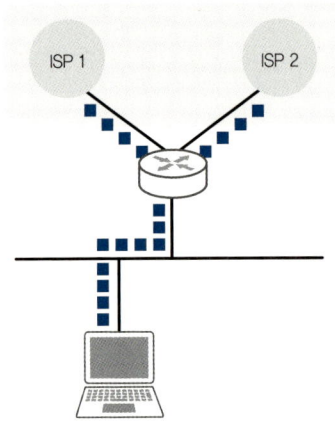

여러 인터넷 회선 계약은 어느 경우라도 필수이지만, BGP라는 동적 라우팅 프로토콜을 사용하여 직접 운용하는 방법과 멀티호밍을 지원하는 전용 어플라이언스를 사용하는 방법이 있습니다. BGP는 비교적 저가 라우터에서도 지원하고 있어 직접 운용하면 전용 어플라이언스를 사용하는 경우보다 초기 비용을 줄일 수 있습니다. 하지만 BGP에 정통한 기술자가 필요해서 운용 비용이 높아지는 경향이 있습니다. 전용 어플라이언스를 사용하는 경우는 처음 어플라이언스를 도입할 때 드는 초기 비용은 높지만 운용 비용은 절감할 수 있습니다.

8.6.3 스패닝 트리 프로토콜

스패닝 트리 프로토콜은 랜의 이중화 기술 중 하나입니다. L2 스위치에는 경로 제어 기능이 없기 때문에 여러 경로가 생기게 연결해 버리면 루프가 발생합니다. 그래서 스패닝 트리 프로토콜에서는 각 L2 스위치가 정보를 교환하여 여러 경로가 있을 때는 경로 하나만 남기고, 나머지는 차단해서 루프를 방지합니다. 이때 선택된 경로에 장애가 발생하면 다시 정보를 교환하여 정상인 경로를 개방합니다.

8.6.4 VRRP

VRRP(Virtual Router Redundancy Protocol)는 라우터(또는 L3 스위치)를 이중화하는 기술입니다(그림 8-28). 시스코 시스템즈에서는 HSRP(Hot Standby Router Protocol)라는 독자적인 이중화 기술을 사용하지만, 기본적인 부분은 같습니다.

라우터 두 대로 네트워크를 이중화할 때 라우터 A와 라우터 B를 논리적으로 하나처럼 보이게 합니다. 그리고 나서 한쪽을 활성화하고 다른 한쪽을 대기 상태로 설정하면 활성화된 쪽에 장애가 발생해도 대기 중인 라우터로 전환하여 통신을 계속할 수 있습니다.

❤ 그림 8-28 VRRP

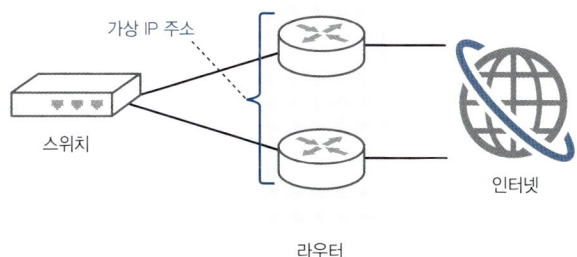

VRRP의 핵심은 가상 IP 주소 메커니즘입니다. 논리적으로 하나라는 것을 표현하는 가상의 IP 주소를 할당하고, 각 컴퓨터는 그 IP 주소로 패킷을 전송합니다. 라우터 A와 라우터 B에는 가상 IP 주소에서 통신이 전송되는데, 라우터 A와 라우터 B의 인터페이스에도 각각 IP 주소가 있습니다.

IP 주소 할당 방식에는 두 종류가 있습니다. 첫 번째는 활성화된 라우터의 IP 주소를 가상 IP 주소로 사용하는 방식입니다. 두 번째는 가상 IP 주소, 라우터 A의 IP 주소, 라우터 B의 IP 주소를 각각 따로 준비하고, 라우터 A가 활성화되면 가상 IP 주소→라우터 A의 IP 주소와 전송하고 라우터 B가 활성화되면 가상 IP 주소에서 라우터 B의 IP 주소로 전송하는 방식입니다.

> 💡 **실습: 이중화 구성 이해하기**

여기에서 이중화 구성을 이해했는지 확인해 봅시다. 대상이 될 네트워크를 그림 8-29에 나타냈습니다.

▼ 그림 8-29 대상이 되는 네트워크

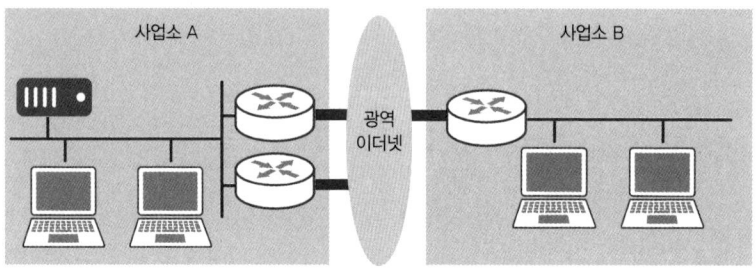

사업소 A와 사업소 B라는 두 지점을 연결하는 네트워크이고, 사업소 A에는 서버가 있기 때문에 라우터를 VRRP로 이중화했습니다. 각 IP 주소 범위는 다음과 같습니다.

```
사업소 A 랜: 192.168.1.0/24
사업소 B 랜: 192.168.2.0/24
광역 이더넷 네트워크 내 IP 주소: 192.168.100.0/24
```

※ 광역 이더넷은 폐역망이므로 거점 간 연결에 프라이빗 IP 주소를 사용합니다. 광역 이더넷에 대한 자세한 내용은 8.2.2절을 참고하세요.

첫 번째 문제입니다. 사업소 A의 라우터에는 총 IP 주소가 몇 개 필요할까요? 잠시 생각해 봅시다.

정답은 6개입니다. 다음과 같은 IP 주소가 필요합니다.

- 랜 측 가상 IP 주소
- 랜 측 실제 IP 주소(라우터 A)
- 랜 측 실제 IP 주소(라우터 B)
- 광역 이더넷 측 가상 IP 주소
- 광역 이더넷 측 실제 IP 주소(라우터 A)
- 광역 이더넷 측 실제 IP 주소(라우터 B)

각각 IP 주소를 할당해 보면 다음과 같습니다. IP 주소 범위에서 어떤 IP 주소를 사용해야 하는지 지정되지 않았기 때문에 이것은 단지 하나의 예입니다.

- 랜 측 가상 IP 주소: 192.168.1.254
- 랜 측 실제 IP 주소(라우터 A): 192.168.1.252
- 랜 측 실제 IP 주소(라우터 B): 192.168.1.253
- 광역 이더넷 측 가상 IP 주소: 192.168.100.254
- 광역 이더넷 측 실제 IP 주소(라우터 A): 192.168.100.252
- 광역 이더넷 측 실제 IP 주소(라우터 B): 192.168.100.253

두 번째 문제입니다. 사업소 B의 라우터에서 볼 때 사업소 A의 랜으로 향하는 통신을 라우팅하는 게이트웨이의 IP 주소는 어떻게 될까요?

정답은 다음과 같습니다.

- 광역 이더넷 측 가상 IP 주소: 192.168.100.254

8.7 인터넷 회선 고속화

8.7.1 IPoE

예전에 일반 가정에서 인터넷에 연결하려면 전화 회선을 사용하여 인터넷 서비스 제공자(ISP)에 접속하고, ISP를 거쳐 인터넷에 연결했습니다. 이때 사용하던 것이 **PPP**(Point-to-Point Protocol)라는 기술입니다.

그 후 통신 기술의 발달로 ADSL이나 광 회선처럼 고속으로 상시 연결이 가능한 회선이 등장했고, PPP를 랜 규격인 이더넷에서도 사용할 필요가 생겼습니다. 이렇게 태어난 기술이 **PPPoE**(PPP over Ethernet)입니다(그림 8-30).

PPPoE는 전화 회선에서 사용하던 기술을 이더넷에 응용한 것이지만, **IPoE**(IP over Ethernet)는 기업 내 랜 등과 같은 방식으로 직접 인터넷에 접속하는 것입니다. PPPoE에서는 인증을 위해 ID와 패스워드를 사용했지만, IPoE는 회선에 대해 인증하므로 ID와 패스워드가 필요 없습니다.

PPPoE와 더불어 새로운 접속 방식의 IPoE가 생긴 이유가 있습니다. PPPoE 접속 방식의 회선이 혼잡해지고 회선 속도가 저하되기 시작했기 때문에 새로운 접속 방식을 만들어 이용하려는 것입니다. 비유하자면 PPPoE와 IPoE는 서로 다른 도로이고, PPPoE라는 도로가 혼잡해져서 IPoE라는 새로운 도로를 만든 것입니다.

▼ 그림 8-30 PPPoE와 IPoE

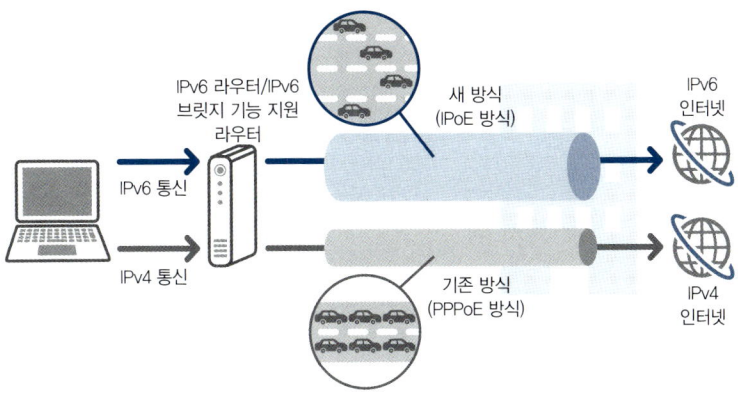

인터넷 회선의 속도 저하가 문제되기 시작한 배경에는 동영상 사이트 등이 많이 생기면서 인터넷 콘텐츠가 많아졌고, 개인과 법인을 막론하고 인터넷을 매개로 이용하는 클라우드 서비스가 보급된 점 등을 들 수 있습니다. 또 20년 전쯤 인터넷은 '이용할 때만 접속하는' 것이었지만, 지금은 '항상 인터넷에 연결되어 있다'는 사실이 당연해졌습니다. 그만큼 인터넷이 사회 인프라로 정착되었다고 할 수 있습니다.

> **column** ≡ ○○ over ○○란
>
> 네트워크를 학습하다 보면 ○○ over ○○라는 용어가 많이 등장합니다. 여기에서 한 번 정리해 두겠습니다.
>
> A over B는 B를 넘어서 A를 사용할 수 있게 한다는 의미로 씁니다. 예를 들어 PPPoE는 PPP over Ethernet, 즉 이더넷(E)을 넘어 PPP를 사용할 수 있게 한다는 의미이고, 다음에 나오는 IPv4 over IPv6는 IPv6를 넘어서 IPv4를 사용할 수 있게 한다는 의미입니다.
>
> A over B를 실현하는 방법이 '터널'이며, 터널을 만드는 방법의 하나가 '캡슐화'입니다. 터널(터널링)은 네트워크 안에 논리적인 통로를 만드는 것입니다. IPv4 over IPv6에서는 IPv6 네트워크에 IPv4가 통과하는 터널을 만들어 통신합니다. 이 터널을 구현하는 방법이 캡슐화로, IPv4 패킷을 IPv6 패킷으로 감싸 줍니다. 말하자면 IPv6 캡슐에 넣는 이미지입니다.
>
> 터널 입구에서 IPv6 캡슐에 들어간 IPv4 패킷은 마치 IPv6인 척 IPv6 네트워크에 생긴 터널을 지나고, 터널 출구에서 캡슐에서 나와 IPv4 패킷으로 흘러갑니다.

8.7.2 IPv4 over IPv6

2장에서 IP 주소에는 IPv4와 IPv6가 있으며, 현재도 주로 사용되는 것은 IPv4라고 이야기했습니다. IPoE는 실은 그 자체만으로는 IPv6 통신만 지원하므로 IPv6를 지원하는 웹 사이트는 고속화할 수 있지만, IPv4만 지원하는 웹 사이트는 기존처럼 PPPoE로 통신하기에 고속화되지 않습니다.

그래서 IPoE를 사용하여 IPv4 웹 사이트와 IPv6 웹 사이트를 모두 볼 수 있게 하는 기술이 **IPv4 over IPv6**입니다. IPv4 over IPv6에는 MAP-E 방식과 DS-Lite 방식이 있습니다. 미세하게 기술적 차이는 있지만, 사용자에게는 둘 다 거의 차이가 없습니다. 어느 방법을 사용하는지는 ISP에 따라 다릅니다. 정확하게는 ISP에 IPv4 over IPv6 서비스를 제공하는 사업자에 따라 다릅니다.

---

column ≡ 초등학교 프로그래밍 교육과 인터넷 고속화

2019년부터 초등학교 프로그래밍 교육이 의무화되었습니다. 초등학교 프로그래밍 교육에서는 '컴퓨터는 마법의 상자가 아니며 인간의 명령으로 움직이는 기계'이며 '컴퓨터에 명령할 때는 자잘한 명령을 조합해서 한다'고 하는 '프로그래밍적 사고'를 키웁니다. 프로그래밍 교육은 컴퓨터를 사용하지 않고 프로그래밍적 사고를 기르는 언플러그드 방식 수업과 실제로 컴퓨터에 명령을 해서 움직여 보는 수업으로 진행합니다. 후자의 수업에는 블록을 조립하여 애니메이션이나 게임을 만들 수 있는 스크래치(Scratch)나 LED와 센서를 탑재한 물리적인 컴퓨터 보드에 프로그램을 작성해서 움직여 보는 마이크로비트(micro:bit) 교재 등이 사용됩니다.

공통점은 인터넷에서 웹 서비스로 제공된다는 것입니다. 프로그래밍을 하려면 인터넷에 연결할 필요가 있습니다. 이런 인터넷 이용은 지금까지의 초등학교 교육에서는 없었고, 학교에 따라서는 한 반 학생 전원이 웹 서비스를 동시에 이용할 수 있을 정도의 네트워크를 구축하지 못한 경우도 있는 것 같습니다. 교육 현장에서도 인터넷의 고속화는 필요합니다.

맺음말

네트워크란 무엇인지, 네트워크와 인터넷은 어떻게 다른지, 네트워크를 지탱하는 기술이나 네트워크가 기반이 되는 기술 등에 대해 설명했습니다.

인터넷, 나아가서는 클라우드를 전제로 하는 시스템을 많이 이용하는 오늘날 네트워크에 대해 이해하는 것은 매우 중요합니다. 또 이 책에서는 평소 의식한 적이 없는 '왜 컴퓨터나 휴대 전화가 인터넷에 곧바로 연결되는가, 네트워크 관리란 무엇인가'라는 것도 설명했습니다.

필자는 네트워크 엔지니어로서 IT 업계에서 경력을 시작했기 때문에 당연하게 생각했던 것이 많습니다. 이 책을 집필하면서 내가 생각하는 '당연'이 무엇인지 되돌아보는 계기가 되었고, 네트워크 자체도 깊게 다시 생각해 보게 되었습니다.

물론 이 책에서 아직 설명하지 않은 내용도 많습니다. 한층 더 네트워크를 깊이 있게 학습하고 싶은 사람에게 다음 단계로 나아갈 수 있는 다음 책들을 소개합니다.

- 『マスタリングTCP/IP IPv6編 第2版』
  『마스터링 TCP/IP IPv6 편 제2판』
  (시다 사토시, 고바야시 나오유키, 스즈키 토루, 쿠로키 히데카즈, 야노 미치루 지음, 옴사)
  TCP/IP의 해설서로, 대표적인 시리즈인 '마스터링 TCP/IP'의 IPv6 편입니다. 책에서는 IPv6를 다루지 않았는데, 이 책을 읽으면 IPv6가 무엇인지 이해할 수 있을 것입니다.

- 『Amazon Web Services 基礎からのネットワーク&サーバー構築 改訂3版』

  『Amazon Web Services 기초부터 시작하는 네트워크&서버 구축 개정 3판』

  (오사와 후미타카, 타마가와 겐, 카타야마 아키오, 이마이 유타 지음, 닛케이 BP)

  AWS를 소재로 하여 실제로 네트워크와 서버를 구축해 볼 수 있는 책입니다. 이 책에서는 클라우드 네트워크 구축과 관련된 기초 중의 기초만 다루었지만, 이 책을 읽고 실천하다 보면 클라우드상에서 네트워크 구축에 대한 이해가 깊어질 것입니다.

- 『イラスト図解式 この一冊で全部わかるWeb技術の基本』

  『일러스트 도해식 이 한 권으로 전부 알 수 있는 Web 기술의 기본』

  (고바야시 쿄헤이, 사카모토 유 지음, 사사키 타쿠로 감수, SB 크리에이티브)

  네트워크에서 동작하는 대표적인 것이 웹입니다. 이 책은 실제로 여러 의미를 지닌 웹 기술 전반에 대해 소개합니다. 네트워크와는 떼려야 뗄 수 없는 관계에 놓인 웹을 전체적으로 학습할 수 있는 책입니다. 웹의 전체적인 이미지부터 HTTP 구조, 데이터 형식, 보안, 시스템 구축과 운용까지 알아 두어야 할 지식을 한 번에 정리할 수 있습니다.

이 책이 여러분께 도움이 되면 기쁘겠습니다.

오키타 토시야

찾아보기

BASIC OF NETWORK

A
Amazon Web Services 116

C
CGI 074

D
DB 서버 소프트웨어 122
DDoS 공격 166
DHCP 043
DMZ 172
DNS 라운드 로빈 148
DoS 공격 166

E
EV 인증 078

F
F5 공격 167
failback 162
Firebase 117

G
Google Cloud Platform 117
GSLB 150

H
Heroku 117
HTTP 요청 089
HTTP 응답 089

I
IaaS 113
IP-VPN 195

K
KT 클라우드 118

M
Microsoft 365 116
Microsoft Azure 116

N
NAT형 149

O
OpenFlow 107
OS 121

P
PaaS 113

S
SaaS 114
SDN 컨트롤러 107
SIEM 177
SQL 인젝션 167
SSL 075

T
TLS 075
tracert 030

ㄱ
가용성 165
공개 키 암호 방식 144
광역 이더넷 194
글로벌 IP 주소 037
기밀성 165
기본 게이트웨이 039
기업 인증 077

ㄴ
네이버 클라우드 플랫폼 118
네트워크부 045
네트워크 주소 048
넷마스크 045

ㄷ
다요소 인증 094, 208
대칭 키 암호 방식 143
도메인 인증 077

ㄹ

라우팅 집약 067
라우팅 테이블 054
라우팅 프로토콜 069
랜섬웨어 166
레지스트라 084
레지스트리 084
리소스 모니터링 181

ㅁ

무결성 165
무선 랜 020
무차별 대입 공격 167

ㅂ

방화벽 규칙 169
복호화 143
브로드캐스트 도메인 분할 192
브로드캐스트 주소 048

ㅅ

상태 기반 패킷 검사 170
서버 023
스위치 023
시스템 인티그레이터 158
씬 클라이언트 179

ㅇ

암호화 143

옥텟 046
온라인 시스템 016
웹 서버 소프트웨어 121
웹소켓 098
이중화 198
인터넷 VPN 195

ㅈ

전용선 196

ㅋ

크로스사이트 스크립팅 167

ㅌ

태그 기반 VLAN 193
트래픽 모니터링 182
트랜짓 212
트러블슈팅 162

ㅍ

패스워드 리스트 공격 168
패스워드 인증 208
패킷 교환 041
패킷 필터링 169
페이드 피어링 213
페이로드 042
폐역망 194
포트 기반 VLAN 193
표적형 공격 166
프라이빗 IP 주소 037

프로그래밍 언어 123
프록시 151
피어링 정책 213

ㅎ

헬스 체크 182
호스트부 045